A POLÍTICA NO BANCO DOS RÉUS

A OPERAÇÃO LAVA JATO E A EROSÃO DA DEMOCRACIA NO BRASIL

FÁBIO KERCHE E MARJORIE MARONA

A POLÍTICA NO BANCO DOS RÉUS

A OPERAÇÃO LAVA JATO E A EROSÃO DA DEMOCRACIA NO BRASIL

autêntica

Copyright © 2022 Fábio Kerche e Marjorie Marona

Todos os direitos reservados pela Autêntica Editora Ltda. Nenhuma parte desta publicação poderá ser reproduzida, seja por meios mecânicos, eletrônicos, seja via cópia xerográfica, sem a autorização prévia da Editora.

EDITORAS RESPONSÁVEIS
Rejane Dias
Cecília Martins

FACT CHECKING
Gabriel Pinho Brochado

REVISÃO
Bruna Emanuele Fernandes

CAPA
Diogo Droschi

DIAGRAMAÇÃO
Christiane Morais de Oliveira

Dados Internacionais de Catalogação na Publicação (CIP)
Câmara Brasileira do Livro, SP, Brasil

Kerche, Fábio
  A política no banco dos réus : a Operação Lava Jato e a erosão da democracia no Brasil / Fábio Kerche, Marjorie Marona -- 1. ed. -- Belo Horizonte : Autêntica, 2022.

  Bibliografia
  ISBN 978-65-5928-077-3

  1. Brasil - Política e governo 2. Ciências políticas 3. Corrupção - Brasil - Prevenção 4. Corrupção - Combate 5. Corrupção - Investigação 6. Ministério público - Brasil I. Marona, Marjorie. II. Título.

21-95339   CDD-364.1323

Índices para catálogo sistemático:
1. Lava Jato e Mãos Limpas : Corrupção política : Problemas sociais 364.1323

Aline Graziele Benitez - Bibliotecária - CRB-1/3129

Belo Horizonte
Rua Carlos Turner, 420
Silveira . 31140-520
Belo Horizonte . MG
Tel.: (55 31) 3465 4500

São Paulo
Av. Paulista, 2.073 . Conjunto Nacional
Horsa I . Sala 309 . Cerqueira César
01311-940 . São Paulo . SP
Tel.: (55 11) 3034 4468

www.grupoautentica.com.br
SAC: atendimentoleitor@grupoautentica.com.br

Aos nossos filhos,
Chico, Bethânia e Vicente.

9 Prefácio
Charles Pessanha

15 Introdução

Parte 1: A origem

29 Capítulo 1: O novo Ministério Público:
a Constituição de 1988 e as
inovações a partir de 2003

57 Capítulo 2: A nova Polícia Federal e a
autonomia conjuntural

71 Capítulo 3: Poder Judiciário: punitivismo
e especialização

Parte 2: O apogeu

95 Capítulo 4: A Lava Jato e a formação da
República de Curitiba

133 Capítulo 5: O "caso Lula": o troféu da Lava Jato

161 Capítulo 6: A quase unanimidade da
Lava Jato na imprensa e a opinião pública

Parte 3: A queda

189   Capítulo 7: De ex-juiz a ex-ministro:
Sergio Moro no governo Bolsonaro

201   Capítulo 8: Aras na Procuradoria-Geral
da República

235   Capítulo 9: A Vaza Jato e a Operação Spoofing

249   Capítulo 10: O fim

259   Referências

Prefácio

Alguns livros de Ciência Política merecem uma audiência mais ampla que a do restrito espaço acadêmico. É o caso de *A política no banco dos réus: a Operação Lava Jato e a erosão da democracia no Brasil*, de Fábio Kerche e Marjorie Marona. Os autores são docentes e pesquisadores em instituições de excelência e especializados em estudos e pesquisas sobre o sistema de justiça brasileiro.

Muito bem escrita e argumentada, a obra propõe um entendimento amplo sobre a operação executada, especialmente, pela chamada força-tarefa de Curitiba, que dominou o noticiário político do Brasil por mais de seis anos e levou políticos, funcionários públicos e empresários à prisão – muitas vezes, de forma arbitrária.

Os autores analisam as mudanças constitucionais, infraconstitucionais e de entendimentos *ad hoc* que fortaleceram paulatinamente o Ministério Público, a Polícia Federal e setores do Poder Judiciário realizadas, sobretudo, durante os governos do Partido dos Trabalhadores (PT).

Kerche e Marona veem na ampliação da autonomia e da discricionariedade dos atores do sistema de justiça o ambiente favorável à proliferação da Lava Jato.

É possível afirmar que a instituição mais bem aquinhoada pela Constituinte de 1988 foi o Ministério Público. A derradeira carta do regime autoritário, em 1969, transformou-o em um apêndice do Poder Executivo. O procurador-geral da República (PGR), seu chefe, era um mero funcionário da presidência, demissível *ad nutum*. Agora, não. Indicado pelo Executivo para um mandato de dois anos, sua aprovação e sua demissão dependem do consentimento do Senado Federal. A Constituição vigente estabeleceu total autonomia para o órgão. Além de cortar o vínculo com o Poder Executivo, manteve-o autônomo em relação a qualquer outra instituição, com instrumentos de ação próprios – ação penal pública e termo de ajustamento de conduta – e pouco controlados, mesmo depois de a Emenda Constitucional n.º 45 ter criado o Conselho Nacional do Ministério Público, seu órgão de controle externo, mas com presença majoritária de membros da categoria.

A partir de 2003, esse cenário começa a sofrer mudanças, em especial com a criação de uma lista tríplice elaborada pela categoria, sem respaldo constitucional, para a indicação do PGR e a autorização comandada pelo Supremo Tribunal Federal (STF) para que promotores e procuradores conduzissem, além do inquérito civil, investigações no campo criminal, aumentando sua autonomia e discricionariedade em relação à Polícia Judiciária.

Outro ator coletivo cuja atividade é ressaltada neste livro é o Poder Judiciário. Dotado de independência incontestável nos termos da Constituição, o STF, seu órgão de cúpula, dispõe de importantes atribuições, como Corte de justiça (com poder de revisão judicial) e Corte constitucional (como guardiã da Constituição), além de ser a última instância do Judiciário. Indiretamente, foi beneficiário da chamada "revolução processual", que ampliou de forma considerável o acesso à justiça dos titulares da Ação Direta de Constitucionalidade e da Ação Declaratória de Preceito Constitucional, entre outros exemplos. Entretanto, o STF exacerbou o poder individual de seus membros mediante o uso abusivo das chamadas decisões monocráticas – como pedidos de vista e concessão de liminares –, com sensível enfraquecimento do poder colegial e até contra suas regras. A atuação individual teve como consequência o exagerado protagonismo político de seus membros, construído ao longo de décadas no exercício da função contramajoritária da Corte, que pôde ser notado em julgamentos de processos contra políticos e em decisões contraditórias de suas câmaras, causando, em vários momentos, insegurança jurídica e influenciando o comportamento de magistrados de instâncias inferiores. Da mesma forma que o Ministério Público, a Constituinte não criou um órgão de controle da magistratura. Essa tarefa coube à Emenda Constitucional n.º 45, que criou o Conselho Nacional de Justiça como um típico órgão de controle interno também com presença majoritária de magistrados.

Outra instituição analisada pelos autores é o Departamento da Polícia Federal. Diferentemente das instituições anteriores, a Polícia Federal, como órgão do Poder Executivo e constante do organograma do Ministério da Justiça, não gozava de autonomia legal. A partir de 2002, porém, é possível notar o marcante fortalecimento da instituição em termos organizacionais, orçamentários, de capital humano e, sobretudo, de prestígio institucional. Tais mudanças permitiram à Polícia Federal ganhar "popularidade e respeito dos brasileiros", o que redundou em uma autonomia de fato. As modificações efetuadas nesses três órgãos romperam o relativo equilíbrio inscrito no texto constitucional.

A partir do julgamento da Ação Penal n.º 470 no STF (2012-2014) – o chamado Mensalão –, conduzido pelo ministro Joaquim Barbosa, o tema da corrupção ganha destaque na agenda pública do país. Novas teses jurídicas, de caráter punitivista, alteram a jurisprudência da Corte. Esse ambiente é reforçado pela aprovação, durante o governo Dilma Rousseff, de uma legislação de combate às irregularidades, como as novas leis de lavagem de dinheiro e a relativa à organização criminosa, que introduziram, por exemplo, a delação premiada e o acesso aos dados cadastrais dos investigados. O resultado é a criação, portanto, de um caldo de cultura mediante o qual o devido processo legal perde força, cedendo terreno a soluções pouco ortodoxas.

Este livro retrata com clareza a montagem do cenário propício aos eventos que se sucederam: os movimentos de rua amplificados pela grande imprensa, a criminalização da política, a crise do segundo mandato do governo Dilma, a Operação Lava Jato, o *impeachment* da presidenta e o julgamento e a prisão do ex-presidente Luiz Inácio Lula da Silva.

A análise da Operação Lava Jato é extremamente rica. Os autores ressaltam a quase unanimidade da grande imprensa na defesa dos métodos sumários e humilhantes para os acusados. Chamam a atenção para as inúmeras fases da Lava Jato, estabelecem comparação entre as investigações de Curitiba, São Paulo, Rio de Janeiro e Brasília, analisam sua conexão com os movimentos de rua e os noticiários dos jornais e da TV. Destacam, também, o processo contra o ex-presidente Lula: prisão, acusação, teses da defesa, depoimentos do acusado e sentença prolatada pelo juiz Sergio Moro e confirmada pela 8ª Turma do Tribunal Regional Federal da 4ª Região (TRF4). À ocasião, não se questionou a velocidade inusitada de um processo criminal – algo incomum na justiça brasileira – que não apresentava perigo de prescrição. Enfim, criou-se artificialmente, por meio de uma manipulação deliberada das informações, uma cadeia causal que justificaria a concentração do caso no juizado do Paraná com absoluto desprezo pelos institutos de "juiz natural" e "promotor natural". Curiosamente, teses recursais defendidas pelos advogados de defesa – como a incompetência da 13ª Vara Criminal de Curitiba para processar Lula – não tiveram provimento no STF, mas serviram, recentemente, para justificar a anulação da sentença pelo ministro Edson Fachin.

A circulação de informações sobre as irregularidades cometidas pela força-tarefa da Lava Jato nos processos sob sua jurisdição deu conta do "escambo" entre esse setor e os órgãos de imprensa e das relações promíscuas entre acusação e juiz. Por isso mesmo, a participação posterior do Juiz Sergio Moro na vida pública só não causou espanto aos órgãos da grande imprensa do Brasil. A indignação ficou por conta de jornais estadunidenses e europeus. Incorporado ao governo Bolsonaro como Ministro da Justiça, ao ser demitido tornou-se advogado de uma empresa de consultoria jurídica e, finalmente, político militante assumido. Até o momento que escrevo esta apresentação, Moro é candidato à presidência da República, mas isso pode mudar. O fato é que ele entrou na vida político-partidária. Mais do que uma obra sobre a Operação Lava Jato, este livro trata sobre uma triste fase da democracia brasileira. Já tivemos outros apagões morais e democráticos no Brasil, como a República do Galeão e os processos com base nos Atos Institucionais. Desta vez, porém, os militares cederam a boca de cena para juízes e promotores.

Charles Pessanha
Professor de Ciência Política da UFRJ

Introdução

A Operação Lava Jato agonizou sob o comando de Augusto Aras e os artifícios de Jair Bolsonaro, açodados pelas revelações novelescas do *hacker* de Araraquara, para morrer pelas mãos do Supremo Tribunal Federal (STF). Na mais alta Corte do país, as condenações do ex-presidente Luiz Inácio Lula da Silva foram anuladas. Após ter passado 580 dias preso e sido impedido de disputar as eleições presidenciais em 2018, Lula, livre, retomou sua condição de cidadão com plenos direitos políticos. O ex-juiz Sergio Moro foi declarado – pelo mesmo STF – não apenas *incompetente*, mas também *suspeito* – expressões jurídicas que indicam, na prática, sua parcialidade e desvelam o estratagema processual através do qual Moro manteve o ex-presidente sob sua manufaturada autoridade, retendo parte da Lava Jato na famigerada 13ª Vara Federal de Curitiba.

Este livro retoma os caminhos da Lava Jato e – em certa medida – da democracia brasileira nos anos recentes.

Exploramos as condições de possibilidade da operação: a série de mudanças institucionais que culminou com o estabelecimento de uma nova estratégia de combate à corrupção no Brasil. Argumentamos que a Lava Jato se caracteriza pela formação de um consórcio entre parte das elites política e jurídica, além da imprensa, em um ambiente institucional favorável e sob os aplausos dos Estados Unidos. Alertamos para seu legado – na política e na economia. Saudamos, comedidamente, seu fim, vendo nele uma oportunidade de retomada da normalidade democrática.

Os esforços que redundaram na análise aqui contida remontam a agosto de 2020. De lá para cá, não foram poucas as vezes em que nos deparamos com a necessidade de adequar o ritmo de trabalho aos acontecimentos extraordinários que envolveram os últimos anos da operação. O argumento central em torno do qual reconstruímos a história da Lava Jato, no entanto, não se alterou. A Polícia Federal, o Ministério Público Federal (MPF) e o Poder Judiciário, desde ao menos a Constituição de 1988 e particularmente após 2003, passaram a gozar de parcelas de autonomia e discricionariedade incomuns em democracias, reposicionando-se institucionalmente e protagonizando a construção e a implementação da agenda anticorrupção no Brasil. Em um ambiente institucional que passou a assegurar uma excessiva liberdade aos agentes do sistema de justiça criminal – pelo menos no âmbito federal – para priorizar e selecionar resultados em desatenção aos meios, o modelo cooperativo das forças-tarefa precipitou a quase fusão institucional que caracterizou a Lava Jato: a sobreposição da investigação, da acusação e do juízo que subverteu o modelo acusatório e tensionou fortemente o Estado Democrático de Direito.

O partilhamento de determinados valores e interesses, de referências morais e políticas entre uma parcela da elite jurídica e política foi, portanto, o pano de fundo sob o qual a narrativa pública da Lava Jato foi construída[1] – não sem a adesão dos grandes veículos de imprensa. O reconhecimento de que afinidades eletivas, a nível doméstico, respondem pela Lava Jato aparta esta obra daquele conjunto de análises que identificou na operação um fenômeno coordenado por forças alienígenas – não autorizando, contudo, a desatenção com a dimensão internacional do caso. Argumentamos, nesse tocante, que a participação dos Estados Unidos – particularmente através de suas agências de inteligência – na Lava Jato se revela, apropriadamente, pelo exercício de uma sorte de *soft power* (NYE, 2004), compartilhando com o jornalista Kennedy Alencar (2017, [s.p.]) a impressão de que os integrantes da Lava Jato "têm uma espécie de cacoete americano com pitadas de deslumbramento e arrivismo social", além de adorarem "as premiações e festas de gala nos Estados Unidos nas quais posam de cavaleiros do combate à corrupção".[2]

Perseguindo uma ordem lógica que vai dos primórdios da Lava Jato, passando por seu auge até desvelar seu ocaso, este livro está dividido em três partes. A primeira, composta por três capítulos, retoma as condições de possibilidade da Lava Jato em uma perspectiva institucional. Analisamos o processo por meio do qual os principais

---

[1] Para uma análise sobre a "gramática política" criada pela Lava Jato e que alimentou o debate público no Brasil, ver SILVA, 2020.

[2] Disponível em: <https://bit.ly/3DcMNdR>. Acesso em: 1 dez. 2021.

órgãos da justiça criminal federal – a Polícia Federal, o Ministério Público Federal e a Justiça Federal – asseguraram níveis extraordinários de autonomia em relação aos controles externos, permitindo a seus agentes doses cavalares de discricionariedade na atuação de combate à corrupção. Tratamos de esclarecer que o processo é complexo e envolve, em boa medida, estratégias de delegação dos governos e parlamentares, mas também articulações internas a cada um desses órgãos, bem como entre si.

A segunda parte traz uma descrição do momento em que a Lava Jato experimentava o ápice de seu desenvolvimento e amplo apoio popular. Compilar e analisar o conjunto de dados disponibilizados sobre cada uma das fases ostensivas e os desdobramentos investigativos e judiciais da operação foi um enorme desafio. Nosso objetivo nunca foi o de realizar um resgate histórico da Lava Jato, mas o de construir uma narrativa crítica a partir de uma perspectiva analítica que tinha em conta os desenvolvimentos teóricos no campo da Ciência Política. Esse foi o motor propulsor da sistematização e da apresentação dos eventos que constituíram a Lava Jato ao longo dos anos, englobando os padrões investigativos e judicantes, mas desvelando, também, as estratégias de condução de uma narrativa sobre a operação que garantisse apoio da opinião pública.

Por fim, na terceira parte, lidamos com aspectos relacionados aos reveses sofridos pela Lava Jato até seu derradeiro suspiro. Destacamos os desgastes à imagem pública da operação que se seguiram à ida de Sergio Moro para o governo Bolsonaro, as consequências da escolha de Augusto Aras para o cargo de procurador-geral da República e, ainda, os impactos negativos agregados pelas revelações da Vaza Jato e da Operação Spoofing, com destaque para os movimentos de ruptura do STF.

Assim como seu nascimento foi fruto de múltiplos fatores que atravessam a institucionalidade, sob o pano de fundo de uma virada iliberal na cultura política democrática (AVRITZER, 2020), a derrocada da Lava Jato é descrita atentando para sua dimensão processual, mas, sobretudo, para a natureza altamente contingente de seu fim. A conclusão não autoriza, portanto, uma grande euforia em torno da grandeza da institucionalidade brasileira, mas aponta para uma tímida possibilidade de retomada dos rumos democráticos.

Parte 1
A origem

A Operação Lava Jato começou bem antes de 2014. Para que chegasse ao ponto de ser propalada pela imprensa como "a maior ação de combate à corrupção da história", a Lava Jato vinha sendo fabricada nos emaranhados institucionais que interseccionam os poderes da República e a burocracia estatal pelo menos desde a Constituição de 1988. A ampliação sem precedentes da autonomia e da discricionariedade dos membros do Ministério Público, em um primeiro momento, e dos integrantes da Polícia Federal, na sequência, acompanhada da crescente capacidade do Poder Judiciário, compõem o vetor institucional fundamental desse processo. Embora outros órgãos estatais de controle do Estado[3] tenham colaborado para o regime de *criminalização da política* gestado pela Lava Jato, não chegaram a ameaçar o protagonismo dos atores e instituições do sistema de justiça. Sergio Moro, Deltan Dallagnol, os ministros do Supremo Tribunal Federal (STF) e o procurador-geral da República, além de policiais federais de plantão, dividiram os holofotes, mantendo o controle sobre os rumos da operação e sobre a narrativa pública acerca da corrupção no Brasil no campo de operação das elites jurídicas.

Se o processo de afirmação de uma ampla autonomia e extensa discricionariedade das instituições e atores judiciais remete à Constituinte – já que muitos de seus

---

[3] Referimo-nos ao Tribunal de Contas da União (TCU), à Controladoria-Geral da União (CGU), à Receita Federal do Brasil (RFB), ao Conselho de Controle de Atividades Financeiras (COAF), ao Conselho Administrativo de Defesa Econômica (CADE), entre outros órgãos que integram a ENCCLA, criada pelo Ministério da Justiça em 2003.

elementos fundamentais estão inscritos na Constituição de 1988 –, foi a sequência de governos petistas que induziu o conjunto de mudanças institucionais que assegurou a juízes, promotores e policiais um espaço tão vasto quanto livre para que avançassem estratégias de combate à corrupção não disponíveis anteriormente. A partir dos anos 2000, ora por obra do governo, ora do Congresso, ora do Supremo Tribunal Federal – ou, ainda, por iniciativas dos próprios atores do Poder Judiciário, do Ministério Público e da Polícia Federal –, um processo incremental de mudanças, nem sempre linear e muitas vezes experimental, resultou em uma nova moldura institucional dos órgãos de controle.

Vale destacar a principal iniciativa, ainda em 2003, de se criar uma rede que envolvesse todos os órgãos encarregados de combater os crimes de lavagem de dinheiro e corrupção: a Estratégia Nacional de Combate à Corrupção e à Lavagem de Dinheiro (ENCCLA), proposta pelo Ministério da Justiça do primeiro governo Lula (2003-2006). Ao longo dos anos, a estratégia constituiu a principal rede de articulação entre os poderes da República, as instituições do sistema de justiça e os órgãos de controle da burocracia para a formulação de políticas voltadas para o tema.

As ações da ENCCLA foram organizadas nas seguintes linhas: capacitação, estruturação dos órgãos, implementação de sistemas, normatização e produção de conhecimento. Entre os principais resultados estão a criação do Programa Nacional de Capacitação e Treinamento para o Combate à Corrupção e à Lavagem de Dinheiro (PNLD), a preparação de orientações contra a corrupção, a formação de setores especializados em crimes financeiros na Polícia Federal e a incorporação do Grupo Nacional de Combate às Organizações Criminosas (GNCOC), que incluía os Ministérios Públicos estaduais.

A iniciativa do Ministério da Justiça também se destacou pelos esforços de modernização dos processos criminais: seus membros sugeriram propostas legislativas sobre o sistema financeiro nacional, organizações criminosas, lavagem de dinheiro, improbidade administrativa, entre outros temas. Muitas dessas propostas, de fato, transformaram-se em leis. Um bom exemplo de sugestão aproveitada da ENCCLA, e que foi fundamental para a Lava Jato, é a nova Lei de Lavagem de Dinheiro (Lei n.º 12.683/2012), que facilitou o combate a esse tipo de crime, aproximando o Brasil de um padrão legislativo internacional.

A aplicação dessa nova lei, contudo, gerou situações no mínimo inusitadas entre alguns condenados pela Lava Jato, como veremos adiante. Para que se tenha uma ideia, na prática, a nova legislação permite que alguém seja condenado por lavar dinheiro (ou seja, de tentar legalizar recursos de origem não legal) a despeito da comprovação da suposta atividade criminosa precedente. Além disso, a lei previa a reunião dos processos judiciais desses crimes (de lavagem de dinheiro e da atividade antecedente da qual originou o recurso ilegal) em varas especializadas, como aquela de responsabilidade de Sergio Moro em Curitiba.

Cabe lembrar, também, que houve um incremento das parcerias internacionais na construção do sistema de responsabilização por atos de corrupção, ao mesmo tempo em que se promoveu uma maior interação entre as diversas instituições nacionais. A corrupção passava a ser vista como um "crime global", o que demandava o compartilhamento sistemático de informações e, em muitos casos, a atuação conjunta com instituições como a Organização Internacional de Polícia Criminal (Interpol), a Agência da União Europeia para a Cooperação Policial (Europol) e a Organização dos Estados Americanos (OEA). Nesse sentido, diversos acordos de cooperação e de financiamento do combate à corrupção reverberaram na polícia brasileira (FAGUNDES; MADEIRA, 2021), registrando-se, ademais, o crescimento, nas últimas décadas, dos escritórios internacionais da Polícia Federal, o que propiciou a troca de experiência entre os policiais brasileiros e agentes congêneres nos outros países. Extrapolando o âmbito policial e a dimensão técnica da cooperação, a agenda internacional anticorrupção impulsionou redes de compartilhamento de doutrinas e perspectivas jurídicas, políticas e sociais que se constituíram a partir da ampliação da circulação internacional de ministros do STF e membros do Ministério Público Federal (MPF), entre outros.

O esforço de avançar a interação institucional via ENCCLA resultou na afirmação de um processo decisório compartilhado e de execução coordenada que colocou de pé uma nova estratégia de combate à corrupção, expressa no modelo de forças-tarefa. A iniciativa foi também um fator-chave na construção de uma proeminência dos atores judiciais (integrantes do Judiciário, Ministério Público e Polícia Federal) não apenas na implementação da agenda anticorrupção, através do exercício de suas funções típicas, mas também na sua formulação. Originalmente liderada pelo governo, a agenda anticorrupção foi sendo cooptada por atores não eleitos do Estado e que gozam de grande autonomia em relação aos políticos, como detalharemos nos capítulos seguintes.

Todas essas mudanças provocadas pelos governos do Partido dos Trabalhadores (PT) a partir de 2003 tornaram as forças-tarefa (ou operações integradas) possíveis. Genericamente, uma força-tarefa designa um grupo de pessoas especializadas em várias áreas que se unem, temporariamente, para realizar uma determinada missão. Para os propósitos analíticos deste livro, as forças-tarefa designam a institucionalização de uma forma cooperativa de atuação entre diferentes órgãos do sistema de justiça criminal e outras agências de fiscalização e controle do Estado. A primeira força-tarefa em nível federal aconteceu justamente em 2003, no caso Banestado.[4] Desde então, se sucederam mais de 3.000 forças-tarefa. No primeiro ano do governo de Luiz Inácio Lula da Silva, foram 18 operações integradas; em 2016, acumulavam-se 3.512 forças-tarefa organizadas no combate ao tráfico de drogas, à lavagem de dinheiro e à corrupção, entre outros delitos (Marona; Barbosa, 2018). Pode-se dizer que o fortalecimento da cooperação entre atores do sistema de justiça criminal constitui-se como uma das ações estratégicas que compunham a agenda anticorrupção dos governos do PT.

Por outro lado, ao que tudo indica, um dos efeitos não previstos foi a fragilização do mecanismo de controle interno à própria justiça criminal, resultando na mitigação

---

[4] O escândalo do Banestado envolveu o envio ilegal de divisas para o exterior em meados da década de 1990. Além do Sistema de Justiça, também houve investigações por meio de uma Comissão Parlamentar de Inquérito no Congresso Nacional em 2003. Para mais detalhes, ver Marona; Kerche, 2021.

das fronteiras entre a atuação da polícia judiciária, o Ministério Público e o Judiciário. Esta fundamental alteração no mecanismo de equilíbrio do sistema de justiça criminal, em um quadro institucional caracterizado pela hipertrofia da autonomia e da discricionariedade dos atores encarregados da agenda anticorrupção, resultou em uma estratégia de persecução criminal que fragilizou o sistema político e a economia nacionais, com consequências para a nossa capacidade de manter a trajetória democrática duramente reconquistada ao longo das últimas décadas.

Convém, contudo, iniciar pela reconstrução dos processos de mudança no interior do Estado – particularmente, aquelas que tocam o Ministério Público, a Polícia Federal e o Poder Judiciário – que se constituíram como condição de possibilidade da Lava Jato para, só então, avançar crítica e analiticamente sobre o legado da operação de combate à corrupção que quase pôs fim à nova República.

Capítulo 1

O novo Ministério Público: a Constituição de 1988 e as inovações a partir de 2003

Em democracias, é comum que exista um órgão do Estado encarregado da propositura da ação penal. Em princípio, portanto, não cabe à vítima ou aos seus familiares levar o criminoso a julgamento, mas, sim, ao próprio Estado. O pressuposto sob o qual opera esta sistemática é o de que ações criminosas podem causar danos que exorbitam da esfera do indivíduo, atentando contra toda a sociedade, razão pela qual é comum que determinado órgão estatal detenha um "quase monopólio" da titularidade da ação penal.[5]

Esses genericamente identificados "órgãos de acusação" apresentam expressivas diferenças entre si, seja

---

[5] No Brasil, as ações penais são classificadas em: (1) pública, quando a titularidade da ação (o direito de iniciá-la) é do Estado; (2) privada, quando o titular da ação é o ofendido ou seu representante legal. No primeiro caso, o órgão do Estado encarregado da propositura da ação penal é o Ministério Público.

no que concerne à sua estrutura interna e competência, seja em relação à sua posição na estrutura estatal. Nem mesmo a designação desses órgãos, que no Brasil conhecemos como Ministério Público, é facilmente traduzível. Há variações significativas, também, na forma de recrutamento dos respectivos agentes, nas suas atribuições – as quais, muitas vezes, somam-se à propositura da ação penal – e, particularmente, no tipo de relação que estabelecem com a força policial e com os poderes da República.

Em relação a este último aspecto, há, contudo, um modelo mais disseminado. Em geral, nas democracias consideradas consolidadas, o equivalente ao Ministério Público responde ao governo. Em outras palavras, o órgão encarregado da ação penal está subordinado ao Executivo. Países da Europa e da América do Norte adotam esse modelo "burocrático" em que o ministro da Justiça – membro do gabinete responsável pela política pública de segurança – é quem orienta e seleciona as prioridades dos promotores (seja o combate à corrupção ou a guerra às drogas). França, Alemanha, Espanha, Inglaterra e Estados Unidos (em nível federal), portanto, têm seus governantes, em última instância, como responsáveis pelo serviço de promotoria do Estado. Isso significa que os promotores devem executar a política definida pelo governo, observando as orientações e as prioridades estabelecidas e sob pena, caso não o façam, de prejuízo à própria carreira. Além disso, no modelo burocrático, ao controlar o Ministério Público, o governo, em certo sentido, regula a atuação do Poder Judiciário (GUARNIERI, 1995), já que os juízes somente podem julgar quando provocados. O papel de "porteiro" (*gatekeeper*) exercido pelos promotores, selecionando o que irá ou não a julgamento, é estratégico para o governo.

Neste modelo, o controle social sobre a atuação da promotoria é indireto: cidadãos podem mobilizar as eleições para punir ou premiar os governantes em relação à política pública de segurança e de combate à corrupção e, de forma não direta, o próprio desempenho dos promotores.[6] A responsabilidade política pela atuação do Ministério Público, assim como da burocracia de maneira geral, é do governo – que presta contas à sociedade, prioritariamente, por meio das eleições. Este é um modelo que, como qualquer outro, importa em vantagens e desvantagens. Se, por um lado, assegura uma atuação mais unificada e previsível e garante algum nível de controle sobre os promotores, por outro, dificulta que atuem livremente contra integrantes do próprio governo, a quem estão, em última instância, subordinados.

Nos Estados Unidos, por exemplo, onde os promotores federais (*US attorneys*) são subordinados ao governo, quando o acusado é o presidente e a questão de conflito de interesses se coloca claramente, a solução é indicar um promotor *ad hoc*. Um advogado de fora dos quadros do Departamento de Justiça deverá conduzir as investigações e, se for o caso, abrir o processo contra a autoridade acusada, em uma fórmula reativa e pragmática

---

6 Nos Estados Unidos, em nível local, nos condados, adota-se o modelo "eleitoral", ou seja, os promotores são escolhidos por meio de eleições. Na grande maioria dos estados, vota-se nos *district attorneys* para o exercício de um mandato e, uma vez ocupado o posto, presta-se contas de sua atuação diretamente para os eleitores. Ou seja, a responsabilidade política, neste caso, recai sobre o próprio promotor (KERCHE, 2018b; 2020).

que busca preservar as vantagens genéricas do modelo burocrático e corrigir, pontualmente, suas desvantagens (KERCHE, 2020).

No Brasil, anteriormente à Constituição de 1988, o Ministério Público também era subordinado ao governo. A diferença significativa é que, entre 1964 e 1985, o país não era democrático e, portanto, não existia a possibilidade de os cidadãos punirem o governo por suas escolhas em relação às políticas que cabiam aos promotores colocar em marcha. Não se votava para presidente, e havia outras sérias restrições ao processo eleitoral de modo geral. Portanto, embora os membros do Ministério Público frequentemente optem por exaltar seu passado de luta pela liberdade, vale lembrar que, naquele ambiente autoritário, os presos políticos, por exemplo, eram acusados pelo Ministério Público sob a orientação do governo. Particularmente, os procuradores, membros do Ministério Público Federal (MPF), respondiam diretamente ao presidente da República e ao seu ministro da Justiça. E mesmo a defesa do governo junto aos tribunais, hoje exercida pela Advocacia-Geral da União (AGU), era realizada pelos procuradores.[7] O chefe do Executivo podia indicar (e demitir) qualquer cidadão para o exercício do cargo de procurador-geral da República.

Com a redemocratização e a promulgação da Constituição de 1988, a relação entre o Ministério Público e o governo se alterou profundamente. Os constituintes desvincularam o órgão do Poder Executivo, rejeitando o modelo burocrático. Tampouco o subordinaram ao

---

[7] Do mesmo modo, nos estados, o Ministério Público respondia, em última instância, ao respectivo governador.

Poder Judiciário ou ao Legislativo. Com isso, o Ministério Público, cuja previsão e regulamentação estão inseridas na Constituição – no Título IV, "Da Organização dos Poderes", Capítulo IV, "Das Funções Essenciais da Justiça" –, transformou-se numa instituição bastante insulada, protegida das ingerências de outros atores estatais e livre de qualquer controle por parte dos próprios cidadãos. Organizou-se no Brasil, então, um modelo bastante singular; com exceção do Ministério Público da Itália, que também se desligou da subordinação ao governo com o advento da democracia no pós-guerra, não se identificam outros exemplos de adoção desse modelo "independente" em democracias.

A autonomia em relação ao Executivo é um elemento fundamental para a compreensão do papel que o MPF,[8] em particular, assumiu no cenário político nacional e, especialmente, no protagonismo que exerceu na Operação Lava Jato, muitos anos depois.[9] Soma-se ao alto grau de autonomia externa (horizontal) – ou seja, em relação a outros

---

[8] O Ministério Público Federal (MPF) integra o Ministério Público da União, que, ao lado dos Ministérios Públicos nos estados (os quais atuam perante a Justiça estadual), constituem o Ministério Público brasileiro. O MPF atua em casos federais, regulamentados pela Constituição e pelas leis federais, sempre que houver interesse público envolvido. Mais informações disponíveis em: <mpf. mp.br/o-mpf>. Acesso em: 2 dez. 2021.

[9] Não por acaso, a autonomia da magistratura italiana (que reúne em uma mesma carreira os juízes e promotores) é crucial para a compreensão da Operação Mãos Limpas, fonte de inspiração para o juiz Sergio Moro na Lava Jato. Realizada na Itália, a *Mani Pulite* foi uma investigação judicial de grande envergadura, envolvendo casos de corrupção durante a década de 1990 e que teve como consequências políticas a destruição do sistema partidário italiano

órgãos e poderes da República – os níveis igualmente relevantes de autonomia interna do Ministério Público, que decorrem também de um desenho institucional que assegura um elevado grau de proteção aos promotores e procuradores *vis-à-vis* as chefias: o procurador-geral da República, o procurador-geral de Justiça dos estados e os respectivos órgãos superiores colegiados.

A dimensão interna da autonomia do Ministério Público se ancora, normativamente, nos princípios do "promotor natural" e da "independência funcional". O primeiro assegura que ninguém seja processado por um promotor diferente daquele que atende aos critérios legais previamente estabelecidos. Em decorrência disso, à chefia de um Ministério Público é vedada a indicação de um promotor ou procurador específico para atuar na acusação senão daquele que reúne, segundo a legislação, competência para tal. O princípio estabelece um critério de aleatoriedade da acusação que, por um lado, resguarda os cidadãos de uma eventual perseguição do Estado e, por outro, protege o promotor ou procurador de ingerências da chefia.

De modo ainda mais evidente, a independência funcional permite que o promotor possa atuar, mesmo limitado por leis que muitas vezes são genéricas e garantem interpretações diversas, segundo suas convicções. Um dos importantes mecanismos associados à independência funcional é o da progressão na carreira. O membro do Ministério Público que tem assegurada estabilidade após dois anos de estágio probatório é promovido automaticamente

---

e a eleição de Berlusconi para a chefia do governo (Kerche, 2018b).

por tempo de serviço, e não necessariamente por mérito, o que dependeria de decisões de órgãos superiores e poderia gerar perseguições para aqueles que não se alinhassem com a direção do Ministério Público. Há estudos que demonstram a relevância desse sistema de progressão para a efetivação do princípio da independência funcional, tais como o de Coslovsky (2015), que aponta que, em alguns estados da federação, todas as promoções se dão por antiguidade, e não por mérito.

A dupla dimensão da autonomia do Ministério Público gera tamanho insulamento do órgão que pode induzir, em alguns casos, condutas irresponsáveis por parte de seus membros – e a cúpula da instituição detém poucos instrumentos para constranger atuações dessa espécie. Nem mesmo a criação do Conselho Nacional do Ministério Público (CNMP), em 2004, se mostrou suficiente para estabelecer algum tipo de constrangimento efetivo sobre os membros do Ministério Público. A punição de um membro do Ministério Público no CNMP é um evento raro: somente em pouco mais de 2% das denúncias que chegam ao Conselho o acusado chega a ser condenado (KERCHE; OLIVEIRA; COUTO, 2020).[10]

O Ministério Público brasileiro, portanto, é um órgão do Estado bastante autônomo em relação aos poderes da República e à burocracia em geral, e, ademais, seus membros gozam de uma significativa independência em

---

[10] O mais comum é que se observe uma atuação corporativista do CNMP, como no caso do julgamento de Deltan Dallagnol, acusado pela defesa do ex-presidente Lula, que foi adiado mais de 40 vezes. Disponível em: <https://bit.ly/31gX4ZJ>. Acesso em: 2 dez. 2021.

face dos respectivos superiores hierárquicos. E isto não apenas em decorrência de uma previsão constitucional, mas também da própria dinâmica político-institucional. Esse modelo institucional, por um lado, facilita que integrantes possam acusar políticos de corrupção, por exemplo, mas dificulta uma atuação mais uniforme e previsível dos promotores e procuradores espalhados pelo país. Um promotor ou procurador combativo parece depender mais de uma posição individual – motivada por valores pessoais, políticos e até religiosos – do que ser fruto de uma orientação criada e incentivada pelos superiores. Isso permite uma série de casos anedóticos. Um promotor do Ministério Público paulista ameaçou multar e até fechar uma escola pública de São Paulo porque seus alunos seriam barulhentos.[11] O MPF na Bahia queria tirar o *Dicionário Houaiss* de circulação por causa da definição da palavra "cigano".[12] Se instituições, entre outras funções, moldam comportamentos e asseguram certa previsibilidade na atuação de seus integrantes, o desenho do Ministério Público no Brasil, tanto o federal quanto os dos estados, permite dizer que, sob essa perspectiva das regras formais, temos um órgão de baixa institucionalidade dada a liberdade assegurada aos seus integrantes.

Os constituintes, contudo, não se limitaram a somente assegurar a autonomia ao Ministério Público e aos seus integrantes. Uma autonomia sem instrumentos de ação, sem as adequadas ferramentas jurídicas não

---

[11] Disponível em: <https://bit.ly/3I8kIIe>. Acesso em: 2 dez. 2021.

[12] Disponível em: <https://bit.ly/3xQAzXq>. Acesso em: 2 dez. 2021.

seria suficiente para alçá-los à condição de relevância política no cenário nacional que vêm alcançando desde os anos 1990. Os instrumentos de ação que estavam à disposição dos membros do Ministério Público, muitos deles reforçados pela Constituição de 1988, refletiam a expectativa em relação ao papel institucional imaginado pelos constituintes. Naquele momento, o Ministério Público deveria se ocupar primordialmente da defesa de interesses difusos e coletivos, bem como da própria democracia, ficando o papel de combate à corrupção totalmente secundarizado (KERCHE; VIEGAS, 2020). Não por acaso, o Ministério Público tinha à sua disposição a ação civil pública, o inquérito civil e o termo de ajustamento de conduta – instrumentos judiciais e extrajudiciais que colocavam os promotores no *front* da defesa da cidadania e da efetivação dos direitos coletivos. Somente anos depois, como veremos adiante, é que a combinação de ainda mais autonomia institucional e o aumento dos níveis de discricionariedade por meio de novos instrumentos jurídicos resultaram no reforço do papel do Ministério Público como órgão de combate à corrupção, especialmente na esfera federal.

Observemos esses instrumentos criados e reforçados pela Constituição de 1988. A ação penal pública, que é o instrumento jurídico tradicionalmente mobilizado pelos órgãos de acusação, estava, evidentemente, à disposição dos membros do Ministério Público desde a redemocratização. No Brasil, contudo, o modelo de justiça criminal combina, necessariamente, a mobilização desse instrumento jurídico com outros. A ação penal é a peça que veicula judicialmente a pretensão de punir, mas, para que a fase judicial entre em marcha, a legislação demanda que se constitua uma série de bons indicadores acerca da existência do evento criminoso e de sua autoria. Esses indicadores são construídos, necessariamente, por meio de uma investigação criminal que compõe uma fase pré-processual. O inquérito penal, nos moldes pensados pelos constituintes, é um instrumento à disposição das polícias judiciárias, e não de promotores.

Isso foi fruto de intensa disputa entre o *lobby* de policiais e de promotores na constituinte – e perdurou até recentemente. O sinal dado pelos constituintes – pelo menos em matéria penal – parece ter sido: "Eu asseguro autonomia institucional, mas o promotor vai ter que agir em articulação com outros órgãos". Ao Ministério Público caberia, portanto – uma vez recebido o inquérito da polícia e convencido pelos seus resultados no que diz respeito ao ato criminoso e à autoria do crime –, apresentar denúncia ao Poder Judiciário, assumindo sua função acusatória na abertura da fase judicial. Caso não visualize indícios de autoria e/ou materialidade do crime, o Ministério Público pode até pedir arquivamento do inquérito policial, mas isso poderá acontecer somente por decisão do juiz. É a partir do início do processo judicial que, em oposição à defesa do réu, se buscará em juízo sua condenação. O magistrado, por seu turno, presidirá o processo, garantindo que avance segundo os parâmetros do chamado "devido processo legal". Há aqui uma divisão de tarefas, um sistema de pesos e contrapesos internos ao próprio sistema de justiça criminal: a polícia investiga, o Ministério Público acusa e o Judiciário julga (KERCHE; MARONA, 2018), conformando-se uma espécie de modelo "competitivo", porque formado por órgãos independentes entre si (ARANTES, 2011).

O fato é que, nos anos 1990 e 2000, diversos integrantes do Ministério Público ignoravam a restrição na condução de investigações criminais e faziam, em diferentes oportunidades, as vezes de delegados de polícia. Como não havia a vedação explícita na Constituição, membros do Ministério Público aproveitavam-se dessa "brecha constitucional" e substituíam a polícia nas investigações. Esse movimento informal cresceu e se institucionalizou em 2015, pela reinterpretação ou pela criação de legislação que o Supremo Tribunal Federal (STF) fez do dispositivo constitucional em questão (KERCHE, 2014). A gradual flexibilização do modelo competitivo de justiça criminal – também chamado de acusatório, em oposição ao inquisitorial[13] – é um elemento importante para entendermos a força que o Ministério Público adquiriu ao longo dos anos à frente da estratégia de combate à corrupção no país.

A expansão da posição institucional do Ministério Público no sistema de justiça criminal, entretanto, não se deu apenas em função da reinterpretação das relações com a polícia judiciária. Também do outro lado desta equação, na relação entre o Ministério Público e o próprio

---

[13] De modo geral, a doutrina aponta para os níveis de concentração das funções de acusar, defender e julgar como um critério distintivo fundamental entre o modelo inquisitório e o acusatório. O primeiro tem como principal característica a extrema concentração de poder nas mãos do órgão julgador, que detém a gestão da prova. Já a essência do sistema acusatório, ao contrário, está na separação das funções de acusar, defender e julgar, deixando o magistrado de (?) reunir as três funções em suas mãos, manifestando-se apenas quando provocado, com o que se busca garantir a imparcialidade do juízo.

Judiciário, ajustes foram gradativamente – e gravemente – sendo notados, na direção da mitigação do modelo acusatório. Segundo a legislação, o promotor deveria necessariamente consultar um juiz quando se tratasse de uma questão criminal. Isso porque vigora no Brasil o "princípio da obrigatoriedade" da propositura da ação penal pública pelo órgão acusatório. Isso significa que a Constituinte não conferiu discricionariedade aos membros do Ministério Público para que recorram a critérios de oportunidade e/ou conveniência na propositura da ação penal. Ao contrário, como regra, diante de indícios de materialidade e autoria de um crime, promotores e procuradores têm o dever legal de propor a ação penal pública, oferecendo, obrigatoriamente, a denúncia.

A introdução de mecanismos negociais de colaboração, tais como a delação premiada,[14] induziu a ampliação da discricionariedade dos promotores e procuradores em face da propositura da ação penal. A chamada Lei dos Juizados Especiais (Lei n.º 9.099/1995) já havia implantado os institutos da transação penal e da suspensão

---

[14] Utilizamos a expressão "delação premiada" para designar, indistintamente, instrumentos jurídico-processuais negociais que, do ponto de vista técnico, se diferenciam. A colaboração premiada é o gênero do qual a delação premiada é espécie e pressupõe várias formas de contribuição para o deslinde do processo, como a confissão do crime, a recuperação do produto ou do proveito da infração, a localização da vítima com a integridade física preservada, além da delação dos corréus e partícipes do crime. Contudo, no debate público, a expressão delação premiada é amplamente mobilizada para designar o negócio jurídico processual por meio do qual o acusado contribui para a as investigações com o intuito de receber em troca *benesses* como a diminuição da pena ou até mesmo o perdão judicial.

condicional do processo no sistema jurídico brasileiro, excepcionando o princípio da obrigatoriedade da ação penal. Contudo, os mecanismos de justiça penal negocial, amplamente mobilizados na Lava Jato, fazem crer que abandonamos de vez o princípio da obrigatoriedade da propositura da ação penal. Nunca a justiça criminal brasileira emulou o modelo norte-americano com tanto vigor – e tudo por obra e graça dos procuradores que integraram a força-tarefa.

A ampliação da dimensão negocial da justiça criminal brasileira, nos moldes como se deu, redundou no enfraquecimento da presunção de inocência e impactou, sobretudo, a distribuição do ônus da prova. Vale lembrar que, diferentemente do que acontece no Brasil, os promotores estadunidenses (*district attorneys*) – que são, de fato, os mais discricionários do mundo – são também eleitos e, portanto, devem prestar contas de suas escolhas aos eleitores. O modelo independente de Ministério Público que se organizou a partir da Constituição de 1988, no entanto, garantiu ampla autonomia ao órgão de acusação, alguma discricionariedade a seus membros, mas nenhuma possibilidade de controle da atuação desses agentes públicos por parte da sociedade – em nome da qual, muitas vezes, eles dizem atuar.

De fato, no Brasil, a Constituinte assegurou autonomia ao Ministério Público, mas não autorizou que promotores e procuradores escolhessem, independentemente da polícia e do Judiciário, o destino dos investigados criminalmente. Os promotores, embora autônomos, estavam emparedados: por um lado, a polícia e o monopólio do inquérito penal; por outro, os juízes com poder de condenar ou absolver um réu. Do ponto de vista democrático, isso parece ser bastante razoável. Uma instituição autônoma que simplesmente aplica a lei é diferente de uma que a interpreta (SCHOENBROD, 1993). Faz sentido assegurar autonomia para um ator, mas não lhe garantir ampla liberdade de escolha. Para usar termos da Ciência Política, do ponto de vista normativo, o modelo em que se assegura pouca discricionariedade permite a maior autonomia de um ator do Estado.

Quando, contudo, o modelo combina muita autonomia e muita discricionariedade, particularmente em relação a atores não eleitos, pode ser complicado do ponto de vista democrático. Embora tenha sido essa a opção dos constituintes em relação às matérias cíveis para o Ministério Público, não foi o que se deu em matérias criminais. Na prática, contudo, o que assistimos nos últimos anos foram milhares de promotores e procuradores atuando, tanto em matéria cível quanto criminal, segundo suas próprias concepções de mundo, com reduzidas possibilidades de que se exerça sobre eles qualquer controle mais ou menos institucionalizado.

Tanto o inquérito civil quanto a ação civil pública e o Termo de Ajuste de Conduta são, como vimos, instrumentos não para matérias penais, mas para questões cíveis. Ou seja, uma coisa é pedir que um prefeito seja preso por corrupção (matéria penal), outra é demandar a restituição do dinheiro público desviado e a perda do mandato por improbidade administrativa (matéria civil). Na verdade, foi na chave das matérias relativas ao código civil, e não ao penal, que a Assembleia Nacional Constituinte devotou ao Ministério Público as maiores inovações institucionais.

A maior novidade da chamada Constituição Cidadã foi a constitucionalização de direitos coletivos e sociais.

E foi para a defesa desses direitos, tendo como pano de fundo uma percepção de que a sociedade seria incapaz de cuidar da defesa de seus interesses por conta própria (Arantes, 2002), que a Constituinte reforçou institucionalmente o Ministério Público, garantindo autonomia para que pudesse avançar, independentemente do controle de maiorias conjunturais. É, portanto, na chave dos direitos sociais e coletivos que se pode entender a razão dos políticos terem renunciado ao controle sobre o Ministério Público. Os parlamentares queriam promotores e procuradores cuidando do meio ambiente, do patrimônio histórico e de direitos como os à saúde e à educação. O combate à corrupção, que até os anos 2000 era realizado por meio de instrumentos cíveis, especialmente pelos Ministérios Públicos dos estados, era marginal no debate constituinte e não se apresentava como uma prioridade (Kerche; Viegas, 2020).

Se em matéria penal os promotores não podiam investigar e obrigatoriamente tinham que apresentar a questão para um juiz, em matéria cível os membros do Ministério Público tinham ampla liberdade de atuação, podendo conduzir investigações por meio de inquérito civil e mesmo decidir, em muitos casos, independentemente do Judiciário, mobilizando mecanismos negociais extrajudiciais, tal como o termo de ajustamento de conduta. Isso ajuda a entender, inclusive, porque os integrantes do Ministério Público optavam por utilizar a ação civil pública como via preferencial de combate judicial à corrupção ao longo dos anos 1990 (Arantes; Moreira, 2019). E mais: por meio do termo de ajustamento de conduta, o promotor podia ampliar seu escopo de atuação, avançando na construção de soluções a despeito da intervenção do Judiciário.

Em resumo: o Ministério Público desenhado pelos constituintes e que foi o modelo que existiu até 2003 era autônomo externamente em relação aos outros Poderes e atores do Estado e, também, internamente, ostentando uma hierarquia frouxa e pouco efetiva. Sua discricionariedade era ampla em relação às matérias cíveis, especialmente em relação à preservação de direitos, e relativamente menor quando se tratava de ações penais. Neste tipo de atuação, seu desempenho era limitado pelo modelo "competitivo" da justiça criminal brasileira, que impunha o estabelecimento de relações com a polícia e o Poder Judiciário. Se a adoção daquele modelo "independente" de Ministério Público já transformava o órgão em um poderoso ator político, especialmente por sua capacidade de intervenção no campo das políticas públicas – ambientais, de saúde, de educação etc. –, as mudanças institucionais que ocorreram após 2003 colocaram os procuradores no epicentro da política nacional, facilitando a mudança de patamar da atuação, especialmente do MPF.

O Ministério Público pós-2003

As inovações institucionais que testemunhamos a partir de 2003, muitas das quais induzidas pelas administrações petistas de Lula e Dilma Rousseff, fazem crer, à primeira vista, que o Partido dos Trabalhadores (PT) teria atuado, em certo sentido, de modo irracional, considerando que inúmeras importantes lideranças políticas do partido sofreram com a Lava Jato. Um observador mais engajado poderia, de modo despojado, argumentar que "o PT alimentou o monstro que pretendeu devorá-lo".

De fato, foram várias as inovações institucionais – muitas de iniciativa do governo – que incrementaram a autonomia do Ministério Público, bem como outros tantos esforços de ampliar a discricionariedade de seus membros no desempenho de suas funções. Vale a pena retomarmos algumas dessas inovações.

Em relação à hipertrofia da autonomia do Ministério Público, a primeira inovação relevante, de iniciativa do governo Lula, diz respeito à mudança na forma de indicação do procurador-geral da República (PGR). A nova prática alterou a relação entre o Executivo e o Ministério Público, impactando, também, a correlação interna de forças do órgão persecutório. O processo de indicação de altas autoridades é um mecanismo importante de controle e influência política sobre a burocracia. Isso porque a delegação de tarefas por parte dos políticos para agências não eleitas do Estado envolve, invariavelmente, a transferência de algum grau de discricionariedade à burocracia. Surgem, portanto, questões relativas a como fiscalizar e criar incentivos para que esses atores não ajam em um sentido inverso ao desejado por aquele que delega.

Os constituintes, na contramão do pressuposto de que burocratas devem ser controlados nas democracias, asseguraram autonomia aos procuradores federais, mas uma menor autonomia ao procurador-geral da República, que detém, entre outras atribuições, o monopólio da acusação criminal contra o presidente, seus ministros e parlamentares federais. Segundo a Constituição, cabe ao presidente da República indicar o PGR, entre os integrantes de carreira do Ministério Público da União, para um mandato de dois anos, sem limitação para recondução. A indicação deve ser aprovada pelos senadores que – vale dizer – jamais exerceram seu poder de veto: o Senado aprovou todos os oito nomes indicados pelos presidentes, de Sarney a Bolsonaro, em dezessete votações para conduções e reconduções. Este parece ser o padrão de atuação do Senado em processos de indicação de altas autoridades. Pelo menos na história recente do país, os senadores rejeitaram somente uma indicação vinda do Poder Executivo: no auge da crise do governo Dilma, em 2015, vetaram o nome de um embaixador para a Organização dos Estados Americanos (OEA). Ou seja, embora o modelo previsto na Constituição envolva o Senado no processo de indicação do PGR, assim como acontece para outras autoridades, também nesse caso o ator relevante é o presidente da República (KERCHE, 2009).

Consideremos, ainda, a possibilidade de recondução ao cargo, a depender de ato presidencial. Diferentemente dos ministros do STF, que, uma vez nomeados, permanecem no cargo até sua aposentadoria, o procurador-geral, se não quiser retornar para uma posição subalterna no Ministério Público, precisa ser sistematicamente reconduzido pelo presidente. Portanto, o pressuposto aqui, emprestado das análises da Ciência Política em relação aos políticos eleitos (PRZEWORSKI; STOKES; MANIN, 1999), é o de que o PGR, almejando sua recondução, orientará sua atuação, prioritariamente, em convergência com os interesses do governo.

Pela regra constitucional, portanto, é o presidente da República o "grande eleitor" daquele que assumirá a Procuradoria-Geral da República. Na prática, conforme argumentamos, o Senado é apenas uma espécie de homologador do desejo do chefe do Executivo. Assim, o PGR, buscando sua recondução, terá que necessariamente agradar ao presidente, o que, muitas vezes, implica ser bastante parcimonioso em relação às acusações contra ele e os membros de seu gabinete. Quem não se lembra de Geraldo Brindeiro, à frente da Procuradoria-Geral da República durante os governos de Fernando Henrique Cardoso (1995-2002)? Sua atuação mereceu críticas por parte da imprensa, que lhe conferiu a alcunha de "engavetador-geral da República" – em referência à sua condução, no mínimo relapsa, das inúmeras acusações de corrupção que eram dirigidas ao seu "grande eleitor", o então presidente. Em contrapartida, o ex-chefe do Executivo, que teve dez diferentes ministros da Justiça durante seus dois mandatos, manteve Brindeiro à frente da Procuradoria-Geral ao longo dos oito anos.

O cenário se alterou com a chegada de Lula à presidência da República, em 2003. Atendendo à solicitação dos próprios procuradores da República, o ex-presidente decidiu acatar o nome mais votado pela categoria para assumir a Procuradoria-Geral da República. Mesmo sem modificar a Constituição, seguiu-se com a ex-presidenta Dilma Rousseff (2011-2016) – e até com Michel Temer (2016-2017), em seu breve mandato – a prática de observar o resultado da eleição organizada pela Associação Nacional de Procuradores da República. Como resultado, deslocou-se o centro de atração da atenção do PGR: se antes o "grande eleitor" era o presidente, nas administrações petistas – e, parcialmente, no período Temer, que indicou não o primeiro, mas a segunda candidata mais votada, Raquel Dodge – eram os próprios colegas de instituição que davam as cartas. Foi assim que a lógica corporativa penetrou a Procuradoria-Geral da República. A própria "campanha eleitoral" para PGR passou a considerar mais centralmente questões corporativas do que em um debate sobre atribuições, agenda e prioridades do órgão: muitas vezes foram as promessas de manutenção ou ampliação de "penduricalhos" do mais caro Ministério Público do mundo (DA ROS, 2015) que mobilizaram os promotores e procuradores federais.

O que pretendemos argumentar aqui é que a modificação da regra do jogo interferiu na estratégia dos jogadores: o procurador-geral da República não precisa buscar apoio do chefe do Executivo; ao invés disso, torna-se mais suscetível aos interesses de seus colegas. Tal mudança assegurou um grau de autonomia ainda maior para o MPF e ajuda a explicar a alteração de rota do órgão em direção ao combate à corrupção, como se observa na sucessão de operações integradas, entre as quais se destaca a Lava Jato.

Poder-se-ia argumentar que a alteração no processo de indicação do PGR não teria força suficiente para induzir tamanha guinada. Por não envolver alteração do dispositivo constitucional, supostamente o governo poderia retroceder, desrespeitando o acordo de observância do princípio de indicação daquele "eleito pelos pares" e restabelecendo o mecanismo de controle e influência política sobre o Ministério Público. O que se viu, contudo, não foi isso: o PT tornou-se "refém" do novo modelo, no sentido de que se estimava que o custo político de uma reversão era maior do que aquele imposto pela atuação "independente" do Ministério Público. Concretamente, à medida que o PGR avançava sobre o governo sob o signo do combate à corrupção, o custo político de uma reviravolta crescia exponencialmente para o próprio governo. Não foi por outra razão que Dilma reconduziu Rodrigo Janot à Procuradoria-Geral da República em setembro de 2015, ano das grandes manifestações pelo seu *impeachment*, apenas dois meses antes da aceitação do processo na Câmara dos Deputados. Parecia não haver outra opção, particularmente para as administrações petistas, senão a de indicar automaticamente para o cargo de PGR o candidato mais votado nas eleições promovidas pela Associação Nacional dos Procuradores da República (ANPR), mesmo em meio a uma crise política de monta como a que veio a derrubar a então presidenta da República.

O ex-presidente Lula já se manifestou publicamente se dizendo surpreso com a postura de integrantes do Ministério Público, especialmente na condução da Operação Lava Jato,[15] reforçando o apreço que devota à instituição – do que parece dar prova a profunda mudança que conduziu, quando à frente do governo, no padrão de combate à corrupção e à criminalidade organizada. Desconsiderou, talvez, o peso que "elementos culturais" poderiam exercer sobre a atuação dos procuradores, particularmente em um cenário institucional de independência funcional quase irrestrita. É que o desempenho se torna mais dependente das concepções partilhadas pelos atores em contextos institucionais que induzem amplas autonomia e discricionariedades. A percepção comum dos promotores e procuradores acerca de sua missão institucional conta, portanto, na conformação de sua atuação. E tal percepção se forma e se transmite

---

[15] Ver: <https://bit.ly/3DpBaQO>. Acesso em: 3 dez. 2021.

através de processos sociais que remetem à sua trajetória, formação, socialização profissional etc.

No Brasil, promotores e procuradores constituem um segmento fortemente elitizado da sociedade – 60% dos pais e 47% das mães possuem curso superior, enquanto, no conjunto da população brasileira com 50 anos de idade ou mais, essa proporção é de 9% para homens e 8,9% para mulheres. Ademais, existem claros vieses de gênero e racial no recrutamento desses agentes: 70% dos promotores e procuradores são homens e 77% são brancos. Trata-se de um segmento da população brasileira de origem social bastante superior à média, o que pode impactar na percepção dos promotores e procuradores acerca do seu papel na sociedade.

De fato, para além de motivos pragmáticos (estabilidade, salário, prestígio), o ingresso na carreira é motivado, para 98% dos promotores e procuradores, pela possibilidade de "realizar a justiça". A percepção dos promotores e procuradores acerca das prioridades do órgão em que atuam é um importante indicador do que concebem como realização da justiça: quase dois terços apontam o combate à corrupção como área de atuação prioritária do Ministério Público.[16] No caso específico da Lava Jato em Curitiba, seus integrantes são parte de uma mesma "bolha", coesa "em termos sociais

---

[16] Os dados foram aproveitados do livro *Ministério Público: guardião da democracia brasileira?*, fruto da pesquisa realizada pelo Centro de Estudos de Segurança e Cidadania (CESEC), em 2016, sob coordenação de Julita Lemgruber, Ludmila Ribeiro, Leonarda Musumeci e Thaís Duarte. Disponível em: <https://bit.ly/3Ii4XP6>. Acesso em: 3 dez. 2021.

e políticos". Diversos integrantes do Poder Judiciário e do Ministério Público que participaram das diferentes etapas da Lava Jato "são herdeiros e/ou possuem vínculos com uma velha elite do estado do Paraná" (VIEGAS; LOUREIRO; TOLEDO, 2020, p. 20).

Se os órgãos aos quais os juízes e procuradores pertencem fossem altamente institucionalizados, ou seja, com regras que de fato moldassem o comportamento dos agentes a ponto de suas preferências pessoais serem secundárias, a "identidade de classe média" e seus valores e preconceitos (VIEGAS; LOUREIRO; TOLEDO, 2020) seriam menos relevantes na explicação de sua atuação. A origem social, contudo, ganha importância justamente porque, como vimos, os órgãos asseguram amplas autonomia e discricionariedade aos seus integrantes, fazendo com que as posições e os valores pessoais sejam fundamentais para entendermos o comportamento de juízes e promotores autônomos e discricionários.

Para além da alteração na forma de indicação do procurador-geral, outra inovação institucional importante pós-2003 – esta comandada pelo STF e não pelo governo – foi a autorização para que promotores e procuradores pudessem conduzir, além do inquérito civil, as investigações no campo criminal. A condução de investigações criminais por parte de integrantes do Ministério Público já vinha sendo realizada pontualmente, especialmente em casos de maior repercussão, e acabou motivando diferentes ações judiciais que questionavam a legalidade da atuação.

O julgamento de um Recurso Extraordinário, pelo STF, em 2015, contudo, afastou o caráter precário da atuação do Ministério Público, expressamente reconhecendo sua competência para promover, por autoridade própria, investigações de natureza penal,[17] a despeito do que dispõe a Constituição – em uma clara demonstração de que o STF, de tempos em tempos, atua como legislador, substituindo o Congresso Nacional. O novo entendimento assegurou ainda mais autonomia e discricionariedade ao Ministério Público, desta vez em relação à Polícia Judiciária, permitindo que promotores e procuradores pudessem selecionar e priorizar casos, mitigando a divisão de tarefas contida no modelo de justiça criminal adotado no Brasil, ao qual já nos referimos.

Soma-se a isso o fato de que o Congresso Nacional, sob a liderança do governo Dilma, aprovou uma relevante legislação no campo penal: em 2012, foi promulgada a Lei n.º 12.683, que alterou a Lei de Lavagem de Dinheiro (Lei n.º 9.613/1998), com o objetivo expresso de tornar mais eficiente a persecução penal desses crimes; e, em 2013, a Lei das Organizações Criminosas (Lei n.º 12.850) trouxe novas disposições sobre a investigação criminal, os meios de obtenção da prova, infrações penais correlatas e

---

[17] A discussão foi motivada pelo recurso (RE 593727) de um ex-prefeito da cidade mineira de Ipanema, que foi acusado por promotores de crime de responsabilidade em uma questão de pagamento de precatórios. Segundo a defesa, o Ministério Público mineiro, ao apresentar a ação penal pública, baseou-se exclusivamente em um "procedimento administrativo investigatório realizado pelo próprio MP, sem participação da polícia". Embora a decisão não tenha sido unânime, a maioria dos ministros entendeu que, sim, o Ministério Público poderia investigar, negando provimento ao recurso, com repercussão geral conhecida. Disponível em: <https://bit.ly/3pfu6ls>. Acesso em: 13 jan. 2022.

o procedimento criminal. Esta última, em especial, contou com o apoio declarado do governo, em uma clara tentativa de oferecer respostas às "jornadas de junho" – um conjunto de manifestações de rua sem agenda clara e sem lideranças identificáveis que contribuiu para fazer despencar a popularidade da então presidenta Dilma Rousseff.

Considerando as alterações promovidas pela nova Lei de Lavagem de Dinheiro, toda e qualquer infração penal passou a figurar como antecedente da lavagem de capitais, alterando-se a lógica anterior em que o crime só se configurava se o dinheiro envolvido viesse de uma lista predefinida de atividades ilícitas (tráfico de drogas, terrorismo etc.). Além disso, mesmo que o acusado seja absolvido do crime antecedente, ainda assim poderá responder judicialmente pelo crime de lavagem de dinheiro. A nova Lei de Lavagem de Dinheiro também facilita o processo de recuperação de bens e valores e amplia as atribuições do Conselho de Controle de Atividades Financeiras (COAF).[18]

A Lei de Organizações Criminosas, por sua vez, introduziu mecanismos de barganha à persecução criminal – nomeadamente, sistematizou a chamada delação premiada, autorizando que o Ministério Público negociasse penas com acusados em troca de denúncias de outros comparsas – e flexibilizou as exigências para enquadrar grupos de acusados na categoria de associações criminosas (RODRIGUES, 2020).[19] Além disso, passou-se a

---

[18] O COAF é um órgão vinculado ao Banco Central. Seus objetivos são disciplinar, aplicar penas administrativas, receber, examinar e identificar ocorrências suspeitas de lavagem de capitais.

[19] "Se o juiz federal reconhecer indícios de organização criminosa, os órgãos de investigação contarão com medidas especiais, como

> [...] autorizar que o delegado de polícia e o Ministério Público tenham acesso direto a dados cadastrais dos investigados existentes em bancos de dados da Justiça Eleitoral, empresas telefônicas, instituições financeiras, provedores de internet e administradoras de cartão de crédito, independentemente de autorização judicial. Nas investigações que envolvem organizações criminosas, também foi incluída a autorização para acesso direto aos bancos de dados de reserva e registro de viagens mantidos por empresas de transporte. Essas mudanças conferem agilidade à fase de investigação ao tornar desnecessário o pedido judicial [...] (RODRIGUES, 2020, p. 58).

A delação premiada, como meio de obtenção de prova, tornou-se regra na Operação Lava Jato: o núcleo de Curitiba celebrou 209 acordos de colaboração e 17 de leniência. Somados, no Rio de Janeiro e em São Paulo foram celebrados, somente na primeira instância, 190 acordos de colaboração e 11 de leniência.[20] Em alguns casos, os acordos foram celebrados mesmo depois de a Polícia Federal haver se manifestado no sentido de que já havia recolhido material suficiente para apurações sobre os esquemas de corrupção investigados, o que indica o nível de discricionariedade dos procuradores da Lava Jato.

---

infiltração de agentes policiais, captação ambiental de conversas privadas, ação controlada e colaboração premiada. Além disso, é possível supor que aumentam os danos à reputação de integrantes da classe política e do alto empresariado ao se divulgar que estão sendo investigados por participação em organização criminosa" (RODRIGUES, 2020, p. 45).

[20] Disponível em: <https://bit.ly/3vgFBx6>. Acesso em: 13 jan. 2022.

Para ilustrar essa ampla liberdade para negociar com os acusados, vale apontar que a redução média das penas aplicadas em condenações no âmbito da Operação Lava Jato chegou a 81% para aqueles que fechavam o acordo com os procuradores. O doleiro Alberto Youssef, por exemplo, um dos primeiros delatores, teve sua pena reduzida de mais de 121 anos para 3 anos em regime fechado.[21] Até benefícios financeiros foram negociados pelo Ministério Público com Youssef, tal como a liberação de imóveis apreendidos e uma espécie de "cláusula de desempenho" que garantia ao delator a manutenção do equivalente a 2% de todo o dinheiro recuperado com sua ajuda (KERCHE; MARONA, 2018).

A mobilização conjugada dos instrumentos jurídico-processuais colocados à disposição dos procuradores pela nova legislação permitiu, portanto, uma atuação ainda mais autônoma, sem a polícia ou o Judiciário, e mais discricionária, admitindo que os procuradores negociassem com os acusados. Isso ampliou a capacidade institucional do Ministério Público no processo de ressignificação dos elementos estruturantes do processo penal, cristalizando a crença de que o controle eficiente da criminalidade se dá nas bases do punitivismo e da justiça penal negocial, ainda que às custas dos direitos e garantias fundamentais dos acusados.

Em suma: o Ministério Público, a partir de 2003, tornou-se ainda mais autônomo e discricionário em face daquilo que os constituintes previram. Os procuradores avançaram em matéria criminal com a liberdade e

---

[21] Disponível em: <https://bit.ly/35oxZxm>. Acesso em: 25 jan. 2022.

a capacidade de ação originalmente circunscritas à sua atuação cível na defesa da cidadania – direitos difusos e coletivos. O conjunto de alterações promovidas ao longo dos governos do PT permitiu que os procuradores adotassem a ação penal como instrumento privilegiado de combate à corrupção, e não mais a ação civil pública. Isso permitiu um dos "deslocamentos" recentes da estratégia de combate à corrupção: do âmbito cível e de jurisdição estadual para o âmbito penal e de jurisdição federal (ARANTES, 2011). Também houve impacto sobre a substituição de um modelo competitivo, em que o Ministério Público dependia da polícia, na fase investigativa, para um modelo cooperativo. Para isso, também foi fundamental o reforço institucional da Polícia Federal, concedendo-a, inclusive, autonomia *de facto*, conforme veremos no próximo capítulo.

Capítulo 2

A nova Polícia Federal e a autonomia conjuntural

Se a Constituição de 1988 foi um marco para o Ministério Público, para a Polícia Federal as iniciativas mais decisivas aconteceram 15 anos depois, a partir do primeiro governo Lula. A Carta de 1988, que lançou as bases para a adoção de um modelo que combinaria autonomia investigativa com subordinação administrativa (Marona; Kerche, 2021), foi um passo importante para a institucionalização da Polícia Federal – sendo insuficiente, porém, para alçá-la a um patamar de relevância na conformação da política de segurança pública ou de estratégia de combate à corrupção.

A Constituição de 1988 atribuiu à Polícia Federal o exercício das funções de polícia judiciária da União, resguardada sua atuação, também, na segurança pública para a preservação da ordem pública e da incolumidade das pessoas, bem como dos bens e interesses da União. Isso significa que a Polícia Federal detém o chamado "ciclo completo de política", cumulando atribuições tanto de polícia ostensiva quanto de judiciária, exercendo funções preventiva, investigativa e repressiva nos assuntos de sua competência.

A Polícia Federal é um órgão permanente, organizado e mantido pela União, vinculado ao Ministério da Justiça e estruturado em carreira. Tem sede em Brasília/Distrito Federal e conta com unidades descentralizadas em todas as capitais – as superintendências regionais –, bem como com delegacias e postos avançados em várias cidades do país.

O primeiro esforço de construção de "um projeto institucional de desenvolvimento, marcado por planejamento, modernização e gestão de resultados" foi realizado ainda no final dos anos 1990, por iniciativa da cúpula da PF, visando o desenvolvimento de uma cultura organizacional de fortalecimento da identidade policial e de construção de uma imagem institucional pública de credibilidade e eficiência (FAGUNDES; MADEIRA, 2021). As iniciativas neste sentido ganharam uma enorme força, contudo, a partir de 2003, por meio de ações do governo no sentido de ampliar a capacidade institucional do órgão. Registra-se um enorme avanço em direção à profissionalização: diretores-gerais de carreira, realizações de concursos para admissão de novos integrantes com exigência de nível superior para todos (FAGUNDES; MADEIRA, 2021) e um expressivo aumento de recursos destinados ao órgão (MARONA; BARBOSA, 2018) – tudo isso assegurado, inicialmente, pelo governo, por meio do Ministério da Justiça sob o comando do então ministro Márcio Thomaz Bastos (2003-2007).

Foi, portanto, a partir do primeiro governo Lula que o Departamento da Polícia Federal se modernizou de fato, aumentou seu contingente e incrementou seu orçamento, ganhando popularidade e respeito dos brasileiros (ARANTES, 2011). Não por acaso, segundo o Índice de Confiança Social do Instituto Brasileiro de Opinião Pública e Estatística (IBOPE) de 2016, entre 20 instituições pesquisadas, a Polícia Federal só perde para o Corpo de Bombeiros e as Igrejas (ARANTES; MOREIRA, 2019). Em outras palavras, foi com o primeiro governo petista que a Polícia Federal iniciou um efetivo processo de transformação institucional, tornando-se uma "polícia de elite" (AZEVEDO; PILAU, 2018) caracterizada pela alta qualificação de seu pessoal, pelos altos salários, por equipamentos e estrutura modernos, assim como assumindo a responsabilidade de prevenção e repressão de delitos de indivíduos dos setores mais abastados e influentes da sociedade brasileira, incluindo as elites políticas.

Para que se tenha uma ideia da mudança de patamar no tratamento dispensado pelo governo para com a Polícia Federal basta observar a evolução do gasto direto, a ampliação do seu efetivo, sua qualificação e sua organização da carreira. A Polícia Federal saiu de um orçamento, em 2003 – decidido ainda pelo governo Fernando Henrique Cardoso –, de R\$ 1,5 bilhão, para mais de R\$ 7 bilhões, em 2018, em uma curva ascendente e continua. Nesse período, os investimentos do governo na Polícia Federal aumentaram em 2.733% (MARONA; BARBOSA, 2018). O efetivo do órgão – entre delegados, agentes, escrivães, papiloscopistas, peritos criminais e aqueles integrantes de carreiras administrativas – foi ampliado e renovado por meio de sucessivos concursos públicos, saltando de pouco mais de 9.000, no início dos anos 2000, para 14.943, em 2016 (AZEVEDO; PILAU, 2018).

Ademais, a então presidenta Dilma Rousseff emitiu decreto que garantia relativa autonomia da PF frente ao Ministério do Planejamento na gestão de suas vagas e promulgou a legislação que alterou a remuneração dos policiais federais, prevendo aumentos progressivos para todos os cargos da carreira.

No que diz respeito ao processo de nomeação do mais alto posto da PF é importante ressaltar uma trajetória que parte de diretores de origem militar, passando pelos chamados "medalhões" até consolidar-se, a partir dos governos no Partido dos Trabalhadores (PT), em uma sequência de agentes de perfil predominantemente técnico e com respaldo interno. Delegados de carreira, com experiência operacional e acúmulo de cargos de chefia tanto na área operacional quanto de gestão, incluindo diretorias regionais e de áreas específicas, passaram a assumir o comando da instituição (FAGUNDES; MADEIRA, 2021).

Essas medidas, frutos de escolhas deliberadas do governo, asseguraram uma espécie de autonomia *de facto* à Polícia Federal, promovendo insulamento e reforço institucional do órgão. É importante compreender esse desenvolvimento como parte de um esforço do governo para que, no âmbito do sistema de justiça, houvesse mais harmonia entre os órgãos de persecução criminal. Os reflexos podem ser sentidos em um crescimento significativo no número de operações integradas de combate à corrupção (forças-tarefa), tendo as diversas fases da Lava Jato como os mais espetaculosos exemplos. Os números são expressivos e vale a pena detalhá-los: se entre 2003 e 2005 foram realizadas menos de 100 operações, só em 2006 foram 149. Em 2018, mais 219 operações foram levadas a cabo, e o volume seguiria crescendo até 2012, quando 295 operações se concretizaram. Em 2013, contabilizaram-se mais 303 e, no ano seguinte, 390 operações. Em 2015 e 2016, já sob o impacto da Lava Jato iniciada em 2014, foram contabilizadas 516 e 550 operações, respectivamente. Observa-se, para este par de anos, que "o aumento do número de operações é vertiginoso e desproporcional em relação aos avanços dos anos anteriores" (AZEVEDO; PILAU, 2018, p. 109).[22]

Essas operações geralmente são parte do processo de investigação "em que o levantamento de indícios já se mostrou suficiente para deslanchar prisões temporárias e apreensão de bens" (ARANTES, 2011, p. 105). A consequência é que entre 2003 e 2011, antes da Lava Jato, o número de presos nessas operações já chegava a 10 mil. A corrupção se tornou o principal delito combatido pela Polícia Federal, em um cardápio em que constam mais de 50 tipos diferentes de crimes (ARANTES, 2011). Como vimos no capítulo anterior, embora o combate à corrupção via ação civil pública tenha sido a estratégia mais comum dos Ministérios Públicos estaduais nos anos 1990, nos anos 2000 o Ministério Público, desta vez a nível federal, passou a lançar mão da ação penal como instrumento prioritário de ação. Esses "deslocamentos" – a federalização e a opção pela via criminal no combate à corrupção (ARANTES, 2015) – se relacionam com o processo de afirmação institucional da Polícia Federal, que redundou em uma espécie de autonomia conjuntural.

---

[22] No site da Polícia Federal (www.pf.gov.br), a informação detalhada sobre o número de operações não avança para os anos após 2016, diferentemente dos gráficos sobre apreensões de drogas, que estão atualizados. Último acesso em: 30 jan. 2021.

A Polícia Federal – diferentemente do que aconteceu com o Ministério Público da União a partir da Constituição de 1988 – nunca se desvinculou do governo, dele dependendo "em diversos aspectos, como promoções, remoções e envio da proposta de Orçamento ao Congresso".[23] A autonomia que se reconhece à Polícia Federal nos últimos anos tampouco resultou de mudanças significativas na legislação, embora até tramite no Congresso uma Proposta de Emenda Constitucional (PEC 412/2009) que asseguraria, nos moldes do Ministério Público, a autonomia do órgão. A autonomia que a Polícia Federal alcançou retém, portanto, um elemento conjuntural importante, considerando que expressa um processo de afirmação da sua posição institucional que conjuga os esforços internos de construção de um novo *ethos* na corporação com fortes investimentos dos governos a partir de 2003.

O processo de afirmação institucional da Polícia Federal deixou rastros na evolução da legislação interna à corporação, a partir da qual é possível revisitar a construção gradativa de sua autonomia conjuntural. A alteração da redação do primeiro artigo do Regimento Interno da Polícia Federal, em 2016, indica uma "suavização" da relação de subordinação entre o órgão e o ministro da Justiça, apontando na direção de uma maior autonomia em face do governo. No auge da crise do governo Dilma, o então ministro Eugênio Aragão, em sua breve passagem pela pasta da Justiça, alterou o Regimento Interno para afirmar uma Polícia Federal não mais "subordinada

---

[23] Disponível em: <https://bit.ly/3t49H4a>. Acesso em: 25 jan. 2022.

ao Ministro de Estado da Justiça", mas "integrante da estrutura básica do Ministério da Justiça".

Poder-se-ia argumentar, contudo, que a prerrogativa do governo para indicar e demitir o diretor-geral da Polícia Federal é um melhor indicador da persistência da lógica de subordinação do órgão. De fato, a "independência institucional administrativa atingida não garante bloqueio contra eventual ingerência do Poder Executivo, por sua subordinação ao Ministério da Justiça e Segurança Pública" (Fagundes; Madeira, 2021, p. 181). E como a Polícia Federal é hierarquicamente estruturada, o diretor é uma peça-chave na cadeia de comando. Seguindo as disposições do Regimento Interno da Polícia Federal, os diretores-gerais possuem uma ampla gama de atribuições, visando "promover a execução das atividades, ações e operações, no âmbito da Polícia Federal, a fim de estabelecer os objetivos, políticas, metas prioritárias e suas diretrizes"; "promover a execução das diretrizes de segurança pública estabelecidas pelo ministro de Estado da Justiça"; e "prestar informações ao ministro de Estado da Justiça para o aprimoramento e a implementação da Política Nacional de Segurança Pública".

Diferentemente do procurador-geral da República, o chefe da Polícia Federal detém instrumentos para exercer comando efetivo sobre seus subordinados. Ele é encarregado, entre outras funções, de indicar nomes para cargos em comissão e propor a exoneração de seus ocupantes; referendar os nomes dos servidores indicados para chefiar as unidades de inteligência; instalar, ativar, transferir, desativar, extinguir, transformar e renomear unidades centrais e descentralizadas da Polícia Federal; regular e promover a remoção de servidores que resulte em ônus para a Administração; instaurar ou determinar a instauração de procedimentos administrativos disciplinares em âmbito nacional; além de poder invocar, para decisão ou revisão, assuntos de natureza policial ou administrativa.

Em outras palavras, o diretor-geral é uma figura, pelo menos em tese, com um papel importantíssimo em uma estrutura verdadeiramente hierarquizada. Alterações no modelo de indicação, portanto, seriam supostamente sentidas em variadas dimensões do desempenho da Polícia Federal. A partir de 2014, a nomeação para o cargo passou a ser, expressamente, de responsabilidade do presidente da República; e a escolha deveria se restringir somente aos delegados de Polícia Federal da classe especial – o topo da carreira. Até aquele momento, qualquer integrante da Polícia Federal, independentemente da carreira e do nível na hierarquia – ou mesmo alguém que não pertencesse aos quadros do órgão, embora essa fosse uma prática abandonada há bastante tempo (FAGUNDES; MADEIRA, 2021) – podia ser indicado como diretor-geral. A mudança veio atender a uma reivindicação de parte da própria Polícia Federal, mas desagradou agentes e peritos, porque reserva o cargo mais alto da hierarquia somente aos delegados.[24]

A mudança nos critérios exigidos para a indicação provoca, internamente ao órgão, uma reorganização da correlação de forças, particularmente entre as diversas carreiras (delegados, agentes, peritos etc.). Externamente, em relação ao governo, estimula alguma redução no nível de ingerência sobre o órgão, já que a nova regulamentação

---

[24] Os deputados do PT tentaram derrubar esse ponto quando da votação da Medida Provisória 657/2014 na Câmara. Ver <https://bit.ly/3hg9qWm>. Acesso em: 30 jan. 2021.

limita o universo de escolha. Consequentemente, isso reduz o potencial de mobilização do processo de indicação como mecanismo de controle político sobre a Polícia Federal, especialmente quando se considera que não há possibilidade de alguém de fora dos quadros figurar como diretor-geral.

Comparativamente, contudo, o processo ainda resguarda bastante poder ao Executivo, pois não envolve múltiplos agentes – como é o caso da indicação para o STF, que demanda que o indicado seja sabatinado pelo Senado, embora a adoção deste modelo tenha sido cogitada por alguns parlamentares também para a Polícia Federal.[25] Igualmente, não há que se falar em interferência corporativa direta no processo de indicação, como aconteceu ao longo dos governos do PT para a Procuradoria-Geral da República – se bem que também houve mobilização das associações da categoria nesse sentido.[26]

Entre os governos Lula e Temer, sucederam-se nove ministros da Justiça, mas apenas cinco diretores-gerais da Polícia Federal, os quais "não negam terem se deparado com questões políticas em algum momento de sua gestão" (FAGUNDES; MADEIRA, 2021, p. 184). A substituição de um diretor-geral da Polícia Federal é cercada de desconfiança por parte da opinião pública. No auge da Lava Jato, talvez pelo temor do desgaste político que uma troca causaria, Dilma Rousseff não substituiu o diretor-geral que estava à frente do órgão. Confirmando os prognósticos da petista, tanto Temer quanto, recentemente,

---

[25] Disponível em: <https://glo.bo/3pfDiXg>. Acesso em: 25 jan. 2022.

[26] Disponível em: <https://bit.ly/3hgcsts>. Acesso em: 25 jan. 2022.

Bolsonaro foram questionados nas suas intenções quando mexeram com o topo da hierarquia da Polícia Federal, levantando suspeitas de que tentavam se proteger de eventuais investigações.[27]

Existem outros limites à interferência do governo em relação à Polícia Federal para além do cenário político. O principal deles talvez seja o fato de que parte considerável de seu desempenho está atrelado ao exercício das suas funções judiciárias e envolve o Poder Judiciário: "[...] mandados de busca e apreensão, interceptações telefônicas, ou qualquer invasão das inviolabilidades constitucionais (direito à honra, à imagem, à privacidade) dependem de ordem judicial" (AVRITZER; MARONA, 2017, p. 372). Por exemplo, a condução coercitiva do ex-presidente Lula, que iremos analisar em mais detalhes adiante, foi solicitada pelo Ministério Público e autorizada pelo então juiz Sergio Moro. Cabia à Polícia Federal, portanto, apenas executar a ordem judicial – sem espaço para grandes ingerências do Executivo.

A Polícia Federal, contudo, preserva espaço discricionário em suas atividades finalísticas: investigações envolvem uma série de priorizações e escolhas que são feitas pelos agentes e delegados que independem de atores externos à Polícia Federal. A condução coercitiva de Lula serve mais uma vez de exemplo para ilustrar esse

---

[27] A mudança na Polícia Federal realizada por Bolsonaro e que gerou a saída de Sergio Moro do governo será analisada na terceira parte deste livro. Em relação a Michel Temer, em 2017, "ao ser alvo de investigação em uma das fases da Operação Lava Jato, Temer nomeou Fernando Segóvia para o cargo [de diretor-geral], contudo, o mandato durou aproximadamente três meses" (FAGUNDES; MADEIRA, 2021, p. 181).

espaço de discricionariedade: embora a decisão de levar o ex-presidente para depor tenha sido de outros atores – o Ministério Público e o Poder Judiciário –, a de mobilizar um aparato policial desproporcional ao grau de periculosidade do investigado, que sequer tinha sido intimado a depor, foi da Polícia Federal. Helicópteros e centenas de policiais fortemente armados foram usados na coercitiva do ex-presidente, acompanhados, como de hábito, pela imprensa.

A autonomia conjuntural, portanto, se dá pelo cenário político que pode dificultar ou facilitar, dependendo do momento, uma maior ingerência do governo sobre a Polícia Federal. Ainda que haja possibilidade legal de interferência do governo – seja pela substituição a qualquer tempo do diretor-geral da Polícia Federal, seja pela oportunidade de invocar procedimentos e substituir delegados –, os políticos, em especial durante a Lava Jato, passaram a mobilizar com muita parcimônia tais instrumentos, considerando o custo associado às dinâmicas correlatas.

A autonomia conjuntural da Polícia Federal se devia, portanto, ao menos em parte, ao apoio dispensado pela imprensa e pela opinião pública à Lava Jato. Em pesquisa de setembro de 2017, 80% diziam acompanhar as operações pelos meios de comunicação: 51,8% pela TV; 39,4% pela internet; e 3,4% pelos jornais. A operação era aprovada por 78,5% dos entrevistados.[28] A relação entre os atores do sistema de justiça criminal envolvidos na Lava Jato e a imprensa é uma história à parte, mas vale a pena dizer, desde logo, que se trata de uma via de

---

[28] Disponível em: <https://bit.ly/3HhwK0p>. Acesso em: 25 jan. 2022.

mão dupla que envolveu, certamente, a cúpula da Polícia Federal em uma estratégia de comunicação vitoriosa.

Parte do processo de espetacularização do combate à corrupção passa pela identificação das operações com nomes bastante sugestivos: Operação Águia (2003); Pororoca (2004); Negro Cueca (2005); Oráculo (2006); Morpheu (2007); Toque de Midas (2008); Castelo de Areia (2009); Refino (2011); Durkheim (2012); Concutare (2013); Lava Jato (2014); Pixuleco (2015); Wolverine (2016); Carne Fraca (2017); Rosa dos Ventos (2018); Disfarces de Mamom (2019); e Dark Side (2020) – estes são alguns exemplos entre as mais de 6.000 operações realizadas pela Polícia Federal.[29] Outro aspecto relevante está associado ao adiantamento de informação privilegiada sobre as ações investigativas mais invasivas: informar a imprensa com antecedência da hora e local em que policiais iriam recolher provas em residências de poderosos ou levar políticos e empresários para depor ou serem presos tornou-se lugar comum. As imagens apresentadas em rede nacional garantiam que se construísse a narrativa pública de que se estaria punindo, de forma inédita, aqueles que nunca tinham sido incomodados pela Justiça. Essa foi a tônica da estratégia de construção de uma imagem pública de eficiência por parte da Polícia Federal.

Fez-se do trabalho policial uma novela na qual alguns agentes, inclusive, ganharam fama momentânea. Ganhou destaque o "japonês da Federal", um agente com ascendência oriental que aparecia nas imagens das operações veiculadas pela imprensa e que se projetou a

---

[29] Disponível em: <https://www.gov.br/pf/pt-br>. Acesso em: 25 jan. 2022.

ponto de disputar eleições e virar fantasia de carnaval. Outro destaque foi o "policial gato": fotografado e filmado escoltando o ex-presidente Lula em Curitiba, outro agente foi prontamente alçado ao estrelato. O membro da Polícia Federal concedeu entrevistas em que emitia opiniões sobre a Lava Jato, considerando que era a possibilidade de o Brasil "escolher um novo caminho".[30]

Em resumo: embora a Polícia Federal não gozasse de autonomia nos moldes do Ministério Público Federal (MPF) é fato que a capacidade de interferência do governo sobre as duas instituições tornou-se bastante limitada. Isso se deve, em ambos os casos, embora com graus diferentes, a limitações institucionais de ordem formal (a legislação) e informal (a conjuntura). Tanto no Ministério Público quanto na Polícia Federal atores não eleitos do Estado, e que pouco prestam contas de suas ações à sociedade, podiam agir com bastante liberdade e, inclusive, com a autorização, quando não com a parceria, do Poder Judiciário.

---

[30] Disponível em: <https://bit.ly/3JSU9ag>. Acesso em: 25 jan. 2022.

Capítulo 3

Poder Judiciário: punitivismo e especialização

As mudanças pelas quais o Poder Judiciário passou a partir de 2003 são de natureza um pouco diversa daquelas observadas em relação ao Ministério Público e à Polícia Federal, nas quais a participação do governo é mais evidente. No caso do Poder Judiciário – constitutivo da República, portanto, ao lado do Executivo e do Legislativo –, as interações são mais sutis, e as iniciativas, predominantemente endógenas, dos próprios magistrados. Com isso, não se quer dizer que o governo e os parlamentares foram "vítimas" de "manobras deliberadas" dos juízes para ampliar seu protagonismo político.

Ao contrário, compreende-se que a ampliação da capacidade institucional do Supremo Tribunal Federal (STF), da intensidade e da extensão do impacto de suas decisões sobre o sistema político e econômico deve-se a uma determinada conjuntura política. O princípio constitucional da independência judicial, contudo, nos obriga a admitir que a capacidade de o governo induzir tais mudanças é limitada: o processo de interação entre o Planalto, o Congresso e o Supremo é mais complexo e se baseia em um princípio de "paridade de armas" contido no modelo de separação dos Poderes que reduz a possibilidade de interferência mais direta dos tradicionais atores políticos sobre a atuação dos magistrados. Além disso, há que se considerar o peso da opinião pública sobre a atuação da Corte e as próprias concepções dos ministros acerca de seu papel institucional – o que torna tudo ainda mais complicado.

Pode-se esperar um Poder Judiciário mais ativista – isto é, mais disposto a enfrentar os interesses dos governos e parlamentares – em situações nas quais sua independência está resguardada constitucionalmente (garantias da magistratura, autonomia orçamentária, administrativa etc.). Mas se essa é uma condição necessária, a realidade mostra que não é suficiente. Em primeiro lugar porque, devido à conjuntura política, o governo e o Congresso podem dispor de maior ou menor disposição para retaliar o Judiciário. É de se esperar que em situações em que haja ampla fragmentação política, gerando problemas de coordenação, a possibilidade de retaliação reste prejudicada, mesmo que a intenção exista por parte dos atores políticos. Em segundo lugar, o Judiciário tende a ser mais assertivo – contrariando interesses dos governos e do parlamento – quando dispõe de amplo apoio público.

É natural, portanto, que os magistrados sejam mais ou menos deferentes aos interesses políticos, considerando, por um lado, a capacidade real de sofrer retaliação (cortes no orçamento, *impeachment* de ministros, alteração da sua composição ou regras de funcionamento etc.) e, por outro, magistrados se orientam considerando uma espécie de reserva de legitimidade medida a partir de quanto apoio difuso da população esses magistrados dispõem – mesmo que a decisão em questão desagrade, pontualmente, a maioria. Por fim, há que se considerar fatores ideacionais – aqueles elementos ligados à disposição de agir e que se relacionam com a concepção que os próprios magistrados possuem acerca do seu dever.

Por estas razões – e considerando que a Constituição de 1988 ampliou a independência judicial e municiou o Judiciário com instrumentos jurídicos condizentes com uma atuação mais assertiva –, quando observamos as condições de possibilidade do desempenho dos tribunais em face da Lava Jato estamos mais focados nos esforços dos próprios magistrados. No entanto, reconhecemos que, assim como o Ministério Público e a Polícia Federal, o Poder Judiciário (e, particularmente, o STF) percorreu um longo caminho até se transformar em protagonista na cena política nacional. Insistimos que este é um fenômeno complexo, produto do jogo estratégico de elites políticas, econômicas e judiciais interessadas em assegurar sua hegemonia e aumentar seu poder de influência na esfera nacional. Em outras palavras, a transferência de autoridade para o Judiciário – e para as Cortes constitucionais – não deve ser tomada como decorrência natural do progressivo desenvolvimento da democracia, mas ser examinada também à luz da interação estratégica entre elites interessadas em se proteger da incerteza futura que a própria política democrática acarreta (GINSBURG, 2003; DIXON; GINSBURG, 2018).

A Constituinte seguiu, neste aspecto, a fórmula utilizada em democracias consolidadas: garantiu um alto grau de independência do Poder Judiciário, que é um dos indicadores mais utilizados nas avaliações acerca da qualidade das democracias. Diferentemente, portanto, do modelo mais difundido do Ministério Público em democracias – aquele que resguarda algum vínculo do órgão com o Poder Executivo –, no caso do Poder Judiciário a regra é assegurar o mais alto grau de insulamento institucional possível, protegendo ao máximo os magistrados das pretensões de ingerência dos políticos.

A Constituição de 1988, que marcou a passagem do período autoritário para a democracia no Brasil, observou fielmente o preceito da independência judicial, seguindo a expectativa generalizada de que, com isso, conseguiria assegurar a imparcialidade nos julgamentos. Não foi o que observamos, no entanto, na história política recente do país. Isso, porque, na prática, a independência judicial não se dá de forma automática, mas depende tanto do desenho institucional quanto da conjuntura política, envolvendo, ainda, questões relacionadas ao *ethos* profissional dos magistrados.

Em relação ao STF, em particular, os constituintes desenharam um tribunal "poderoso". Não apenas porque elevaram "o custo de retaliar decisões do tribunal" (Arguelhes; Ribeiro, 2018, p. 20), mas especialmente pelas múltiplas competências asseguradas à Corte. O STF funciona, por um lado, como última instância do Judiciário; por outro, assume as funções de uma Corte constitucional, além de atuar como Corte criminal em situações que envolvem altas autoridades políticas (Vieira, 2008).

Como última instância recursal do Poder Judiciário, o STF recebe demandas de todo o país pela revisão de decisões judiciais de instâncias inferiores que digam respeito a matérias constitucionais, o que, com uma Constituição ampla e detalhada como a nossa, significa milhares de processos. É dizer que no Brasil é permitido o controle constitucional a partir de casos concretos, que chegam ao STF na forma de recursos. Por outro lado, atuando propriamente como Corte constitucional, o STF, quando provocado por um dos atores autorizados,[31] decide sobre a adequação de um dispositivo legal à Constituição. Significa dizer que os ministros determinam se uma lei qualquer está, ou não, em harmonia com a Constituição por meio do julgamento da Ação Direita de Inconstitucionalidade (ADI) ou da Arguição de Descumprimento de Preceito Fundamental (ADPF), por exemplo. Como resultado desse amplo e acessível sistema de controle de constitucionalidade, o STF lida cotidianamente com "uma pletora de particularismos organizados" que chegam pela provocação de partidos políticos, governadores, corporações dos mais diversos tipos etc.

O quadro se agrava pelo fato de que a nossa Constituição é bastante extensa e combina "cláusulas vagas com conteúdo moral e uma série de regulações detalhadas e pontuais de vários aspectos da administração pública e das relações entre cidadão e Estado" (Arguelhes; Ribeiro, 2018, p. 20). Esse contexto oferece aos ministros parâmetros bastante ampliados de atuação, de modo que, para

---

[31] Antes da Constituição de 1988, somente o procurador-geral da República, subordinado ao presidente, podia propor ações de inconstitucionalidade. Após a nova Carta, vários atores foram autorizados: o próprio procurador-geral da República, agora independente do governo, governadores, sindicatos, mesas da Câmara e do Senado etc.

além da independência, o ambiente no STF se caracteriza pela alta discricionariedade de seus ministros – uma combinação sempre delicada em democracias. Ademais, o poder individual dos ministros é, também, significativo. E isso se deve, em boa medida, ao que dispõe o Regimento Interno do Supremo (RISTF), que confere um conjunto bastante extenso de mecanismos processuais que lhes permite não apenas influenciar o processo decisório, mas também, e a partir daí, o jogo político. Os ministros, individualmente, podem impedir ou dificultar que um assunto seja tratado pelo plenário, pedindo vista, por exemplo. Além disso, podem posicionar-se publicamente por meio de entrevistas à imprensa sobre assuntos que poderão ou estão sendo analisados pelo STF – ou ainda tomar decisões monocráticas (individuais), inclusive de revisão judicial da Constituição, alterando os rumos da cena política nacional.

Some-se a isso o fato de que, para o STF, praticamente não há assunto que não possa ser discutido ou lei que não possa ser modificada ou invalidada pelos seus onze ministros, atuando em colegiado ou individualmente. O fato é que o tribunal tem capacidade de assumir protagonismo político, ampliando, nem sempre de forma harmônica e não contraditória, sua capacidade de sinalizar preferências e definir a agenda do debate público, quando não interferindo diretamente na vida política nacional. Esse protagonismo político foi sendo construído ao longo de décadas no exercício da função contramajoritária da Corte. Isso significa que se deu, originariamente, por meio da revisão da constitucionalidade das leis e atos normativos, especialmente na ampliação da cidadania e na efetivação do amplo rol de direitos e garantias fundamentais. A partir de 2007, no entanto, o que se viu foi a mobilização do apoio público de que já dispunha o tribunal para, no exercício de suas funções de controle judicial dos políticos, somar-se à estratégia de combate à corrupção em marcha.

O "Supremo Criminal" (FALCÃO *et al.*, 2019) inicia para valer suas atividades a partir do julgamento da Ação Penal n.º 470, conhecido como Mensalão, escândalo que teve início em 2005 e avançou até pelo menos 2013 no STF. Se, até então, dos 130 casos que tramitavam no Supremo, envolvendo a avaliação da legalidade da atuação de políticos, apenas seis haviam sido julgados e nenhuma condenação havia sido registrada, com o Mensalão o país assistiu – e aplaudiu – a entrada da Corte no sistema de responsabilização por atos de corrupção. O que se seguiu foi uma enorme crise política que contou com forte participação dos ministros do STF. Naquele ponto, o escândalo quase chegou à presidência da República e pautou o debate político por mais de dois anos.

Como se sabe, o chamado Mensalão foi o processo que condenou importantes dirigentes políticos ligados ao Partido dos Trabalhadores (PT) a partir de denúncias formuladas pelo então deputado Roberto Jefferson. Segundo ele, o partido que comandava a coalizão governista, liderado pelo ministro-chefe da Casa Civil de Lula, José Dirceu, pagava regularmente parlamentares com vistas a receber apoio em matérias de interesse do governo votadas no Congresso. Independentemente da nossa opinião sobre o processo, este foi um momento de inflexão que "pode ser tomado por alguns como o marco do combate à corrupção política no Brasil e por outros como uma ação concertada de criminalização indevida da política" (ARANTES, 2018, p. 339). A entrada do STF na seara do combate à corrupção, "condizente com um giro do *accountability* no interior da teoria democrática" (MARONA; BARBOSA, 2018, p. 130), acompanha, como vimos anteriormente, os "três deslocamentos de grande magnitude que estavam ocorrendo [...]: da esfera civil para a esfera criminal, da esfera estadual para a federal e da desarticulação ao maior adensamento das relações entre os órgãos de investigação, acusação e julgamento" (ARANTES, 2018, p. 343).

O desempenho do STF em relação à Lava Jato remete à reorientação da jurisprudência da Corte em direção a uma concepção punitivista – que, do ponto de vista jurídico, caracteriza-se pelo recrudescimento da aplicação das leis e processuais penais e, do ponto de vista sociológico, marca a progressiva adesão por parte dos ministros a uma estratégia de conversão do sistema penal em instrumento de consumação de interesses particulares (de elites políticas e econômicas, de grupos de pressão ou segmentos organizados da sociedade). O ponto de partida desse processo remete ao Mensalão.

O relator do Mensalão, primeiro "*popstar*" do Judiciário, papel assumido por Sergio Moro anos mais tarde, era Joaquim Barbosa. Indicado por Lula, fez sua carreira no Ministério Público Federal (MPF) e, mesmo se tornando ministro, não abandonou completamente o papel de acusador. Barbosa, naquele julgamento, acumulava poderes individuais que o colocava em posição de destaque. Por um lado, tinha vantagens processuais em relação a seus colegas porque o relator tende a se ocupar mais do caso e, talvez por isso mesmo, a ser seguido pelos pares na esmagadora maioria das decisões que profere. Por outro lado, era apoiado por parte da sociedade, reunindo condições políticas de definir a agenda do debate público.

O ministro Joaquim Barbosa não se fez de rogado. Como relator do Mensalão buscou, a todo momento, balizar o debate. Encontrou, contudo, resistência. O ministro Ricardo Lewandowski, revisor do processo, assumiu o contraponto às investidas do colega. O embate entre ambos se deu de forma extensiva e crescentemente conflituosa. Barbosa se orientava pelo pressuposto de que o julgamento do Mensalão era uma oportunidade para mudar a história do STF e do país e de que isso dependia da capacidade de o Supremo resistir ao "compadrio da elite, a aliança entre políticos poderosos, empresários e magistrados" (RECONDO; WEBER, 2019, p. 146). Junto ao grupo de ministros que se autodenominava "Republicanos", o relator organizou estratégias de voto e de comportamento em plenário – o que, tempos depois, se reproduziria, de certa forma, nos assuntos da Lava Jato tratados pelo tribunal.

Com isso, Barbosa não apenas garantiu a aceitação da denúncia, como também conduziu o processo. O relator acatou, *a priori*, a narrativa do então procurador-geral da República (PGR), Antônio Fernando de Souza, e foi capaz de moldar os termos do julgamento. Um ponto fundamental da manobra do relator diz respeito à tentativa da acusação de enquadrar o conjunto de atividades políticas, cuja legalidade estava sendo debatida, como crime de "quadrilha". Barbosa aderiu a este aspecto-chave da denúncia à sua linha de argumentação e, "consertando" a estratégia de acusação do Ministério Público, inverteu a ordem do julgamento, deixando a questão do enquadramento das ações dos réus no tipo "crime de quadrilha" para o final. Com isso, o relator reverteu a "fragilidade da sequência dos itens da denúncia apresentada pelo PGR" (Arantes, 2018, p. 355), ao passo que enfraqueceu a fronteira necessária entre acusação e julgamento.

Outro aspecto relevante diz respeito à importação de uma teoria jurídica estrangeira para justificar a debilidade das provas em relação ao crime de corrupção. Referimo-nos à "teoria do domínio do fato", segundo a qual um chefe deveria saber o que estavam fazendo seus subordinados pelo simples fato de ocupar a posição de chefia. Com isso, o raciocínio dedutivo afastava a necessidade de provas acerca do envolvimento direto do superior hierárquico nos crimes de corrupção passiva. Essa teoria foi resgatada durante a Lava Jato, e voltaremos a ela mais adiante.

Vinculado a isso, o STF firmou um novo entendimento acerca do conceito de "ato de ofício", dispensando a manifestação expressa do dirigente para demonstrar a sua relação com um malfeito de seu subordinado. O crime de corrupção passiva pressupõe uma troca, e o ato de ofício seria justamente a prova de que o agente público agiu para beneficiar o corruptor, lançando mão das prerrogativas do cargo que ocupa. O Supremo já havia absolvido criminalmente, por exemplo, o ex-presidente Fernando Collor de Mello das denúncias de corrupção no caso PC Farias, em 1994, justamente pela falta de ato de ofício. O tribunal, entretanto, mudou de entendimento durante o julgamento do Mensalão. O abandono da antiga jurisprudência se deu a partir de argumento da ministra Rosa Weber. Ela sustentou, à época, que não seria necessário comprovar o ato de ofício para condenar alguém por corrupção, bastando a perspectiva de que ele pudesse ocorrer. O ex-ministro da Casa Civil do governo Lula, José Dirceu, foi condenado por corrupção passiva com base nesse argumento – alcunhado de "ato de ofício indeterminado" –, cujo uso foi recorrente também em processos importantes da Lava Jato, como o que condenou o ex-presidente Lula.

Outras questões jurídicas importantes para entendermos a Lava Jato, embora tenham surgidos durante o julgamento do Mensalão, somente encontraram sua plena efetivação em anos posteriores. Vale a pena referir a nova interpretação dada ao crime de lavagem de dinheiro e do foro privilegiado. À época do Mensalão, vigorava ainda a Lei de Lavagem de Dinheiro de 1998. Por esta, para se condenar alguém por tentar legalizar dinheiro, era necessário provar a origem criminosa dos recursos. Além disso, seria preciso demonstrar que aquele que recebeu o dinheiro de origem ilícita sabia que a sua origem não era legal.

Faz sentido imaginar que, para que se possa condenar alguém por "lavar dinheiro", seja necessário comprovar que, de fato, se trata de dinheiro "sujo" – proveniente de crime, portanto. No entanto, várias foram as tentativas do relator e de seu grupo de apoio no STF de driblar essa exigência no julgamento do Mensalão. Ainda que não tenham prosperado nesse ponto, as iniciativas são um marco na construção de uma hegemonia punitivista no interior da Corte. Anos mais tarde, já no governo Dilma, a lei foi flexibilizada no sentido almejado pelo ministro Joaquim Barbosa e seus aliados. Surgia, na prática, a lavagem de dinheiro ilegal sem a necessidade de provar um crime anterior.

Ademais, as discussões sobre foro privilegiado mobilizadas estrategicamente na batalha interna pela agenda criminal da Corte são um bom exemplo de como as ações do Supremo têm consequências para o jogo político no longo prazo. O foro privilegiado é um mecanismo pelo qual a competência penal sobre ações contra certas autoridades públicas é alterada. A interpretação vigente até o julgamento do Mensalão autorizava inúmeras idas e vindas dos processos de instâncias inferiores do Judiciário para o Supremo, acompanhando as ascensões e quedas dos parlamentares envolvidos em processos criminais, independentemente do momento do crime. Essa circunstância acabava por estender demasiadamente o processo, aumentando as chances de prescrição. Segundo os críticos do mecanismo, isso poderia ser revisto via reinterpretação judicial do dispositivo legal.

Anos mais tarde, contudo, a famigerada "Lista de Janot",[32] no auge da Lava Jato, exporia, de forma ainda mais evidente, a difícil problemática do foro privilegiado por prerrogativa de função: riscos de gestão associados ao volume elevado de inquéritos e processos criminais contra agentes políticos. Segundo dados do *V Relatório Supremo em Números* (Falcão *et al.*, 2017), o número de autoridades com prerrogativa de foro no país era de 37 mil. Destes, 800 eram os agentes políticos que podiam responder a processos no STF: o presidente da República, o vice-presidente, 513 deputados federais, 81 senadores, os então 31 ministros de Estado, 3 comandantes militares, 90 ministros de tribunais superiores, 9 membros do Tribunal de Contas da União e 138 chefes de missão diplomática de caráter permanente.

---

[32] Por "Lista de Janot" ficou conhecida a primeira relação de políticos investigados no STF em decorrência da Operação Lava Jato.

Durante o Mensalão, entretanto, as visões dissonantes dos ministros do STF sobre a extensão do foro privilegiado foram absorvidas pelas disputas internas entre os grupos liderados por Joaquim Barbosa, de um lado, e Gilmar Mendes, de outro. O relator temia que, no âmbito do Mensalão, a comum estratégia de renunciar para evitar o julgamento pelo Supremo, forçando a remessa do processo para uma instância inferior, obscurecesse seu trabalho, retirando dele a possibilidade de entrar para a história como o homem que liderou o maior julgamento de corrupção no país (RECONDO; WEBER, 2019).

Vale lembrar que apenas 3 dos 38 réus do Mensalão tinham foro privilegiado: os deputados federais João Paulo Cunha (PT-SP), Valdemar Costa Neto (PR-SP) e Pedro Henry (PP-MT). Foi por causa deles, entretanto, que a Ação Penal n.º 470 ficou sob a tutela do STF, que decidiu mantê-la na íntegra sob sua competência. A verdade é que a Corte não havia nunca fixado jurisprudência sobre a extensão do foro privilegiado. A prática era admitir o desmembramento de ações em vários casos, mas sem que, propriamente, tivesse sido enfrentada a questão do ponto de vista constitucional. Em face do Mensalão, contudo, a manutenção da ação, na íntegra, junto ao Supremo, ampliando sua competência penal, parecia uma estratégia bastante bem combinada com a posição institucional que a Corte ocupava na cena política nacional.

A mudança, entretanto, impunha à Corte desafios inéditos. Os processos criminais normalmente tramitam muito lentamente no STF, mesmo com um número reduzido de investigados. Imagine-se com quarenta envolvidos, como foi o caso do Mensalão. Mantidas as regras de interpretação ampla do foro privilegiado, era preciso que se articulasse outras ações que pudessem fazer frente à questão da morosidade. Destaca-se a mudança regimental conduzida pela então presidente do STF, a ministra Ellen Gracie, que permitia a contratação de juízes auxiliares. Nessa oportunidade, Rosa Weber chamou o então juiz federal Sergio Moro para seu gabinete. As preocupações com o decurso do tempo, entretanto, ainda causaram muitos desgastes internos – particularmente entre o relator, Barbosa, e o revisor, Lewandowski, que temia a não punição de alguns réus por uma eventual prescrição.

Em razão de uma declaração pública do revisor, Barbosa acabou sendo pressionado pelo então presidente do Supremo, Cezar Peluso, e, também, pela imprensa para apressar o seu relatório. Como era de seu feitio, reagiu ferozmente. A partir daí, adotou uma postura beligerante, e a oposição entre relator e revisor, um arranjo rotineiro no STF, ganhou ares de polarização. Tornou-se comum o confronto público entre os ministros, as trocas de agressões verbais das quais adveio uma inédita exposição da Corte (RECONDO; WEBER, 2019). Os poucos críticos do processo apontavam a excessiva permeabilidade do Supremo, reverberado e influenciado pela imprensa, aos clamores de maiorias conjunturais, o que também seria uma marca da Lava Jato, anos depois.

A disputa pelo engajamento público que se instalou no coração do Mensalão teve consequências para o seu desfecho. As polêmicas em torno do *timing* do julgamento se agravaram com a proximidade das eleições municipais de 2012 em decorrência dos efeitos que o resultado da Ação Penal n.º 470 poderia impor sobre o pleito. Já sob a presidência do ministro Ayres Britto, determinado a encerrar o caso o quanto antes, foi convocada uma sessão administrativa para propor uma estratégia de julgamento que se resumia a duas sugestões: a realização de sessões de julgamento seguidas, extraordinárias, e a leitura, na íntegra, dos votos dos ministros, reduzindo a margem de discussão mais detalhada sobre cada um dos réus, para, ao final, realizar-se a contagem e a soma dos votos.

Barbosa se opôs a ambas as sugestões, mas o que importa aqui foi sua vitória em relação à dinâmica de votação. O relator sugeriu que fossem seguidos os itens da denúncia, do modo como ele havia feito no momento de seu recebimento. O fatiamento do voto facilitava a condenação, pois assumia a narrativa do MPF e, ainda, oferecia ao público uma estrutura didática do encadeamento dos fatos e do vínculo entre os acusados (ARANTES, 2018).

Em suma: a utilização de medidas excepcionais pelo Judiciário e pelo Ministério Público, criminalizando o sistema político, já era uma realidade na condução do processo do Mensalão (MARONA; BARBOSA, 2018). Isso se dava ora criando novas teses jurídicas e alterando a jurisprudência da Corte, ora inaugurando práticas de ampliação de sua própria capacidade de atuação. O Supremo foi consolidando, sem muita resistência externa, a nova orientação punitivista no campo penal no Brasil. Anos mais tarde, quando a Lava Jato chegava à mais alta Corte do país, encontrou desguarnecidas as barreiras do garantismo penal e fragilizados os pontos de veto aos abusos cometidos por Moro e seus "subordinados".

A especialização da Justiça Federal

Se o Mensalão colocou o STF e seus ministros no "olho do furacão", durante a Lava Jato assistimos ao protagonismo de um juiz de primeira instância da Justiça Federal, Sergio Moro. Do sul do país, em Curitiba, no Paraná, Moro decidiu sobre o destino do ex-presidente Lula, bem como os de diversos políticos e empresários, julgando e punindo burocratas sediados no Rio de Janeiro e em outras cidades e atuando em casos que envolviam imóveis no Guarujá e na capital paulista.

A razão pela qual Lula tinha que viajar aproximadamente 446 quilômetros de São Bernardo (SP), onde reside, até Curitiba (PR), onde trabalhava Sergio Moro, para prestar depoimento ou participar de outros atos do processo, remete à lógica de especialização do Poder Judiciário Federal. O então juiz era o responsável por uma das varas especializadas da Justiça, a 13ª Vara Federal de Curitiba.

Em geral, a competência, em matéria penal, é determinada pelo lugar em que se consuma a infração ou, se for desconhecido, o do domicílio do réu. A natureza da infração também conta e será regulada por leis de organização judiciária – aí entra a questão da especialização das varas judiciais, entre outras. Também é importante compreender o que se chama de competência por conexão ou continência para entender as voltas de Moro para garantir a sua liderança no processo da Lava Jato. Alegadamente, a operação investigava um esquema de corrupção que agregava políticos e empresários no pagamento de propinas e no recebimento de vantagens em torno de contratos da Petrobras. Eram vários os crimes que os uniam na prática delitiva, segundo a promotoria: corrupção passiva, lavagem de dinheiro etc. A narrativa da acusação induziu a atração para a vara especializada no processamento e julgamento da criminalidade organizada, a 13ª Vara de Curitiba.

Segundo Rodrigues (2020, p. 85), "houve um movimento de especialização de varas federais e de turmas nos Tribunais Regionais Federais, com destaque para temas relacionados diretamente com o controle da corrupção política: matéria criminal, lavagem de dinheiro e improbidade administrativa". O objetivo era aperfeiçoar a atuação de juízes em face de determinados assuntos, gerando ganhos em termos de agilidade e conhecimento sobre questões complexas. A especialização da justiça promove uma concentração ora de casos, ora de juízes. Para além da construção de expertise, também visa insular casos de corrupção em sistemas supostamente corrompidos.

A maioria das varas especializadas se encarrega de crimes contra o sistema financeiro nacional: são 43 em 18 estados brasileiros, mais o Distrito Federal (Rodrigues, 2020). Nos demais estados, crimes desse tipo desembocam em uma vara criminal comum. O processo de especialização da justiça criminal contou com o apoio das elites política e judicial, mobilizando a crença na ampliação da eficiência via expertise e uniformização de procedimentos. Mas o modelo implica riscos – alguns dos quais aparentes no caso da Lava Jato em Curitiba: a menor submissão a Cortes superiores e o desenvolvimento de uma visão estereotipada dos casos são efeitos colaterais não desejáveis identificados pela literatura especializada (Madeira; Geliski, 2021).

O processo de especialização da justiça, em particular sobre assuntos relativos à lavagem de dinheiro e à corrupção, é apontado como consequência da pressão da comunidade internacional. As varas especializadas seriam uma das respostas a certo tipo de demanda por reformas do sistema de justiça criminal condizentes com um "esforço global de combate à corrupção". De fato, durante os anos 1990, organizações como o Banco Mundial, o Fundo Monetário Internacional (FMI) e a Organização para a Cooperação e o Desenvolvimento Econômico (OCDE) recomendavam a harmonização de leis e procedimentos e outras formas de facilitação da cooperação internacional em matéria criminal (Madeira; Geliski, 2021).

No plano doméstico, a Operação Lava Lato lançou luzes sobre a política de especialização das varas criminais para o processamento e o julgamento dos crimes de lavagem de dinheiro, no âmbito da Justiça Federal, como expressão parcial das recomendações estrangeiras. Mas, ainda que a especialização integre uma agenda de políticas públicas anticorrupção, ela não foi gestada no eixo Executivo-Legislativo. Foi o próprio Judiciário, a partir de esforços do então ministro do Superior Tribunal de Justiça (STJ), Gilson Dipp, que tocou essa agenda adiante. Desde a aprovação da Resolução 314/2003 – a primeira a determinar a especialização das varas – pelo Conselho da Justiça Federal, uma pletora de normativas análogas vem ampliando o arcabouço institucional da especialização do sistema criminal de justiça federal.

A vara de Curitiba, onde tramitaram os processos da Lava Jato, por exemplo, foi objeto de oito diferentes resoluções desde sua criação – e todas alteraram sua competência. O Tribunal Regional Federal da 4ª Região, o TRF4, editou três diferentes resoluções em 2006, uma em 2007, outras três sequenciais em 2013, 2014, 2015 e, por fim, mais uma em 2016. Como consequência, no âmbito da Seção Judiciária do Paraná, o ex-juiz Sergio Moro concentrou o julgamento dos crimes contra o Sistema Financeiro Nacional e de lavagem ou ocultação de bens, direitos e valores, bem como os praticados por organizações criminosas, entre outros, além de tratar da execução da pena dos condenados que estivessem em presídio de segurança máxima (BADARÓ, 2016).

Se a especialização das varas criminais da Justiça Federal ajuda a entender a razão pela qual Sergio Moro atuava nos litígios que envolviam crimes de corrupção e lavagem de dinheiro, isto não explica a atração daqueles específicos processos da Lava Jato. A fixação da vara que o ex-juiz presidia em Curitiba como foro competente para julgar parte da Lava Jato foi decorrência de uma questionável interpretação das regras processuais, criando artificialmente, pela "manipulação deliberada das informações" (LIMONGI, 2020, p. XI), uma cadeia causal entre investigações que estavam na origem da Lava Jato – e que recaiam sobre a atuação de doleiros, um deles do Paraná – e de diferentes atos de corrupção. Anos mais tarde, o STF viria acolher os argumentos da defesa de Lula para invalidar a decisão que havia justificado a concentração dos casos de interesse nas mãos de Moro – declarando-o incompetente.

Com a manobra, Moro havia desrespeitado o princípio do "juiz natural", que garante que um acusado não seja julgado por um magistrado diferente daquele previamente designado segundo a lei. Ou seja, de acordo com alguns critérios legais (*grosso modo* local, agente e tipo de crime), se estabelece, *a priori*, o juízo competente para o processamento e o julgamento do caso. Mesmo o foro privilegiado, de que gozam algumas autoridades eleitas e que exige que as acusações sejam processadas pelos tribunais – e não por juízes de primeira instância –, foi ignorado pelo ex-juiz.[33] O primeiro relator da Lava Jato no STF, o ministro Teori Zavascki, chegou a invocar processos da vara de Curitiba, em maio de 2014, mas em seguida recuou, sob a pressão da imprensa nacional. Se Sergio Moro não é o juiz natural, "não lhe cairia mal o título de 'juiz sobrenatural'" (BADARÓ, 2016, [s.p.]).

---

[33] Disponível em: <https://glo.bo/356qJX9>. Acesso em: 25 jan. 2022.

Parte 2
O apogeu

O apogeu da Lava Jato se expressa pela capacidade que a força-tarefa e Sergio Moro demonstraram de cooptar boa parte do sistema de justiça brasileiro – espalhando-se pela cúpula do Ministério Público Federal (MPF), da Justiça Federal e por Cortes superiores. Desde Curitiba, as técnicas investigativas e posições jurisdicionais punitivistas foram mimetizadas pelos órgãos de investigação criminal, acusação e juízos em São Paulo, Rio de Janeiro, Distrito Federal e chegaram também ao Supremo Tribunal Federal (STF).

Em articulação com os principais veículos de imprensa, a Lava Jato mobilizou corações, mentes e plantou na opinião pública a semente da indignação com a corrupção generalizada que, supostamente, caracterizava a política nacional. A expressão pública da luta anticorrupção ganhou as ruas em manifestações que avançavam não apenas contra o Partido dos Trabalhadores (PT) e suas lideranças, mas atingiam todo o sistema político. Partidos e políticos tradicionais sofreram com as consequências de uma nova modelagem da disputa política que negava a própria política como alternativa para a resolução dos problemas sociais. É disso que trataremos nos capítulos a seguir.

Capítulo 4

A Lava Jato e a formação da República de Curitiba

Na manhã do dia 17 de março de 2014, foi deflagrada a Operação Lava Jato.[34] O objetivo era o de desarticular organizações criminosas que atuavam na lavagem de dinheiro em diversos estados da federação. O conjunto de investigações e suas consequentes ações judiciais movimentaram a Polícia Federal, o Ministério Público Federal (MPF) e a Justiça Federal em São Paulo, no Rio de Janeiro e em Brasília, além de tribunais superiores e outros órgãos de controle. O núcleo mais célebre, contudo, é, sem dúvida, o de Curitiba, que reuniu, desde o princípio, o procurador da República Deltan Dallagnol e o então juiz Sergio Moro.

O ato de estreia da Lava Jato "contou com a participação de aproximadamente 400 policiais federais que

---

[34] Os dados foram retirados do site sobre a Operação Lava Jato mantido pelo próprio MPF: <https://bit.ly/3JSUidO>. Acesso em: 25 jan. 2022.

deram cumprimento a 81 mandados de busca e apreensão, 18 mandados de prisão preventiva, 10 mandados de prisão temporária e 19 mandados de condução coercitiva, em 17 cidades dos seguintes estados: Paraná (Curitiba, São José dos Pinhais, Londrina e Foz do Iguaçu), São Paulo (São Paulo, Mairiporã, Votuporanga, Vinhedo, Assis e Indaiatuba), Distrito Federal (Brasília, Águas Claras e Taguatinga Norte), Rio Grande do Sul (Porto Alegre), Santa Catarina (Balneário Camboriú), Rio de Janeiro (Rio de Janeiro), Mato Grosso (Cuiabá)".[35] Todos os mandados foram expedidos pelo juiz Sergio Moro, titular da 13ª Vara Federal de Curitiba. Foram cumpridas, ainda, ordens de sequestro de imóveis e apreensão de bens e bloqueio de contas e aplicações bancárias.

Todos os elementos espetaculosos que marcaram a operação nos seus sete anos já são visíveis em seu ato de estreia: (1) a mobilização de um contingente expressivo da força policial; (2) a autorização, por Sergio Moro, da utilização indiscriminada de mecanismos investigativos invasivos (prisões precárias, conduções coercitivas, busca, apreensão e sequestro de bens, bloqueio de valores etc.); e (3) o controle sobre a narrativa acerca da própria atuação, por meio da concessão de entrevistas coletivas articuladas às fases da operação.

Alegadamente, os investigados eram responsáveis pela movimentação financeira e pela lavagem de ativos de pessoas físicas e jurídicas envolvidas em diversos crimes: corrupção, desvio de recursos públicos, evasão de

---

[35] Essas informações foram divulgadas pelo setor de Comunicação Social da Polícia Federal do Paraná, no dia 17 de março de 2014. Disponível em <https://bit.ly/3t41PzA>. Acesso em: 11 fev. 2021.

divisas, entre outros. A origem do nome da operação é controversa. A versão mais difundida, inclusive a que consta no site do MPF, diz que foi escolhido por causa do uso de um posto de gasolina em Brasília, que contava com um lava-jato de automóveis, para funcionar como fachada para a movimentação de recursos ilícitos. Já o site da Polícia Federal acrescenta a utilização de uma rede de lavanderias, além de postos de combustíveis para movimentar os valores oriundos das práticas criminosas. Arantes (2020, p. XV) conta que a delegada que batizou a operação, na verdade, sugeriu o nome porque os volumes de dinheiro eram expressivos, "o que a levou a pensar no valor de um avião a jato e não de um carro". Segundo o pesquisador, nem um lava-jato de automóveis o posto de gasolina em Brasília teria.

Rodrigues (2020, p. 5) afirma que a operação começou, na verdade, antes da data oficial. A primeira decisão autorizando a quebra de sigilo bancário teria sido proferida em 8 de fevereiro de 2009, e a autorização inaugural para uma interceptação telefônica, assinada em 17 de julho de 2013. Foi por meio de monitoramento de investigados em uma operação diversa que a Polícia Federal teve notícia de que Alberto Youssef, um dos personagens-chave na Lava Jato, havia oferecido um automóvel Land Rover ao então diretor de abastecimento da Petrobras, Paulo Roberto Costa.[36] Portanto, a Lava Jato

---

[36] As investigações revelavam que Youssef estaria articulado com altos executivos da Petrobras em um esquema de recebimento de propinas em contrapartida à facilitação na contratação de empresas, por meio de licitações fraudadas, em valores que variavam entre 1% e 5% do total pago pela petroleira. O ilícito

somente chegaria à Petrobras, a gigante empresa brasileira de onde se desdobrou o chamado "núcleo político" da investigação, meses depois de suas primeiras operações. A sétima fase, deflagrada em 14 de novembro de 2014, mirou o esquema que envolvia organizações criminosas responsáveis por desvio de recursos públicos e lavagem de dinheiro em grandes quantias. Na ocasião, foi decretado o bloqueio de aproximadamente R$ 720 milhões em bens pertencentes a 36 investigados. Novamente, foi mobilizado um contingente expressivo de agentes da Polícia Federal: 300 policiais deram cumprimento a 85 mandados judiciais (prisões preventivas e temporárias, conduções coercitivas e busca e apreensão) em vários estados, todos expedidos por Moro a partir de Curitiba. Entre os detidos, Renato Duque, ex-diretor de Serviços da Petrobras, e executivos de grandes empreiteiras como a Camargo Corrêa, a OAS e a Queiroz Galvão.

As fases seguintes focaram no esquema de fraudes em licitações e distribuição de propinas na Petrobras: prendeu-se Nestor Cerveró, ex-diretor internacional da empresa, avançando a compreensão de que outras diretorias estariam envolvidas. Mas os políticos só se tornariam alvo da Lava Jato sob a alegação de que os executivos da Petrobras contavam com seu apoio para ser indicados e preservar seus cargos na diretoria, em razões dos quais

---

envolvia, ainda, um grupo de empreiteiras que formavam um cartel para acertar valores e distribuição dos serviços nas licitações da Petrobras. Os funcionários corruptos garantiam que as empresas que participassem do cartel obtivessem vantagens no processo, saindo vitoriosas da licitação. Os operadores financeiros, por sua vez, seriam a ponte entre as empreiteiras e os funcionários, "lavando" o dinheiro da propina.

integravam o esquema de corrupção. Ainda que todos fossem funcionários de carreira da empresa, a indicação para as diretorias viria dos partidos que compunham a base do governo do então presidente Luiz Inácio Lula da Silva. Disso derivava o inquérito e advinha uma relação no mínimo promíscua, supondo que cada diretor teria um padrinho político e deveria, forçosamente, oferecer uma contrapartida pelo apoio recebido. O PT, o PMDB (atual Movimento Democrático Brasileiro – MDB) e o PP (Partido Progressistas) seriam os partidos mais beneficiados, tudo segundo os integrantes da Lava Jato.

Sabe-se hoje dos esforços processuais e materiais, à margem da legalidade, que os procuradores da Lava Jato, os agentes da Polícia Federal e o juiz Sergio Moro tiveram que levar a cabo para realizar as conexões necessárias entre o núcleo político e o esquema de fraude a licitações e distribuição de propinas na Petrobras. Naquele momento, contudo, a Lava Jato se vendia como uma ação coordenada e eficiente entre os órgãos do sistema de justiça criminal que desvelava "o maior esquema de corrupção do Brasil" e fulminava impiedosamente seus "líderes criminosos". Foi assim que, em abril de 2015, cerca de 80 policiais federais cumpriram mais 32 mandados judiciais na 11ª fase da operação, prendendo os primeiros políticos. O objetivo era apurar fatos criminosos, abrangendo crimes de organização criminosa, quadrilha ou bando, corrupção ativa e passiva, fraude a procedimento licitatório, lavagem de dinheiro, uso de documento falso e tráfico de influência. Além dos fatos ocorridos no âmbito da Petrobras, a Lava Jato avançava sobre supostos desvios de recursos ocorridos em outros órgãos públicos federais. Neste mesmo mês, poucos dias depois, foi também preso o então tesoureiro do PT, João Vaccari Neto. A Lava Jato começava a prender políticos e colocava o PT atrás das grades pela primeira vez.

Àquela altura, muita água já havia passado por debaixo da ponte, e muita mais ainda passaria.

Em maio de 2014, o STF realizaria sua estreia na Lava Jato: a discussão sobre a legalidade da prisão de Paulo Roberto Costa, ex-diretor de abastecimento da Petrobras. O então ministro Teori Zavascki, que liberou Costa, havia suspendido todos os inquéritos e ações penais decorrentes da força-tarefa em Curitiba, determinando sua remessa ao Supremo. Menos de um mês depois, amparado em um parecer do então procurador-geral da República (PGR), Rodrigo Janot, o ministro mudou de ideia e determinou a devolução à 13ª Vara Federal de Curitiba dos processos em andamento até aquele momento. Ele manteve no tribunal apenas os inquéritos que envolviam parlamentares federais. Os outros membros da 2ª Turma do STF, por unanimidade, acompanharam o voto de Teori Zavascki.

Com isso, o STF, em articulação com o PGR, alterava o seu entendimento sobre os limites do foro privilegiado, reduzindo-os para reter apenas as questões criminais que envolvessem os que detêm, por lei, foro privilegiado. É bom lembrar que o Supremo poderia – caso houvesse mantido a posição que firmara no julgamento do Mensalão – atrair para si a totalidade dos processos da Lava Jato, alegando que os fatos narrados nas denúncias de algum modo se relacionavam com parlamentares com foro privilegiado. O fato é que a partir daquela decisão passaram a existir duas Lava Jatos: a de Curitiba, para Lula e demais acusados sem cargos; e a do STF, para parlamentares e políticos com direito ao foro privilegiado. E o então PGR, Rodrigo Janot, apresentaria ao Supremo, em março de 2015, 28 pedidos de abertura de inquérito e 7 de arquivamento. A investigação se voltava contra o chamado núcleo político do esquema de corrupção na Petrobras também na mais alta Corte do país – quase um ano depois de deflagrada a Lava Jato em primeira instância. No STF, assim como em Curitiba, os depoimentos dos delatores foram fundamentais para o avanço em direção ao núcleo político.

A máquina se movia. Estruturas de suporte foram montadas, quase concomitantemente, em Brasília e no sul do país. Para dar suporte ao PGR na análise dos processos em trâmite no STF, foi criado um Grupo de Trabalho formado por membros do MPF e do Ministério Público do Distrito Federal e Territórios. Junto ao depois famoso Tribunal Regional Federal da 4º Região – o TRF4, que funcionava como a segunda instância para os processos julgados por Sergio Moro –, seis procuradores regionais da República passaram a se dividir na atuação dos casos envolvendo a Lava Jato.

O Supremo, além de ser a primeira e única instância para aqueles que gozam de foro privilegiado, também atuou inúmeras vezes na Lava Jato como instância recursal. Foram muitas as controvérsias constitucionais que atravessaram a operação, particularmente aquelas relacionadas aos direitos e garantias individuais que a todo o momento eram desafiados pelos métodos investigativos e judicantes que haviam tornado célebres Deltan Dallagnol, Sergio Moro e outras personagens da "República de Curitiba". Na maior parte das vezes, contudo, os advogados de defesa não encontraram o que procuravam no

Supremo. O tribunal, talvez embalado pela "fama" que o julgamento do Mensalão havia trazido, avançava uma jurisprudência punitivista e, leniente desde o princípio, se omitia diante dos reiterados abusos de Sergio Moro na Lava Jato. Foi nesta condição, a de instância de revisão que retém a função de resguardar a Constituição, que o Supremo se envolveu nos processos que correm contra o ex-presidente Lula, por exemplo.

A Lava Jato se espalhou pelos tribunais superiores e pela Justiça Federal no Paraná, no Rio de Janeiro, em São Paulo e no Distrito Federal. Isso se deve, em parte, às regras de competência, mas também às de organização judiciária e de prerrogativa de foro. O ministro Teori Zavascki, relator da Lava Jato no STF até seu trágico falecimento, em janeiro de 2017, determinou, por exemplo, mais um desdobramento dos processos da Lava Jato, remetendo casos para a Justiça Federal do Rio de Janeiro. Ele entendeu que os crimes cometidos na Eletronuclear – conforme apontavam as investigações no núcleo de Curitiba – não se relacionavam com o esquema na Petrobras.

Desenhava-se, então, como desdobramento da Lava Jato de Curitiba, uma nova força-tarefa voltada especificamente para a investigação dos supostos crimes da Eletronuclear e que envolvia o MPF, a Polícia Federal e a Justiça Federal no Rio de Janeiro. De fato, em junho de 2016, seria criada a Lava Jato carioca, que expandiu, pouco a pouco, as investigações seguindo os métodos de Curitiba. Foi lá que se desvelou um amplo esquema de corrupção e lavagem de dinheiro no governo do Rio de Janeiro, sob o comando do ex-governador Sérgio Cabral (PMDB). Cabral, o único político de expressão que continuou preso mesmo após o fim da Lava Jato, foi apontado como líder de uma organização criminosa que recebia vantagens indevidas para garantir contratos de obras no estado, entre as quais a da reforma do estádio do Maracanã para a Copa de 2014 e a de urbanização do programa PAC-Favelas.

A Lava Jato carioca emulou a curitibana: Sergio Moro, à frente da 13ª Vara Federal de Curitiba, e Marcelo Bretas, no comando da 7ª Vara Federal do Rio de Janeiro, autorizaram centenas de mandados de busca e apreensão, prisões cautelares, conduções coercitivas e outras medidas investigativas invasivas, requeridas pelo Ministério Público e cumpridas, de forma espetaculosa, pela Polícia Federal. Uma distinção fundamental é que enquanto a Lava Jato carioca ostentava um réu confesso – o ex-governador Sérgio Cabral, líder de uma organização criminosa que sangrava o Estado –, a curitibana seguia à caça de Lula, a quem imputava posição equivalente de chefe de quadrilha, mas na dimensão da República. Lula, no entanto, sempre negou os crimes, mesmo depois de condenado.

De 2014 até janeiro de 2021, a Lava Jato em Curitiba teve 79 fases. No Rio de Janeiro, foram 48, entre junho de 2016 e agosto de 2020. O desdobramento paulista foi mais modesto, e a fase judicial se sobrepôs à face policial: em agosto de 2016, o MPF ofereceu – como resultado da Operação Custo Brasil, que havia sido deflagrada em junho como decorrência da Lava Jato em Curitiba – denúncias à Justiça Federal em São Paulo. Até 2019, poucos eram os políticos envolvidos nas denúncias oferecidas referentes a fraudes em licitações, desvios e propinas nas obras do Rodoanel, que havia sido construído ao longo de duas décadas sob a administração de sete governadores, dos quais cinco eram do PSDB (Partido da Social Democracia Brasileira).

São Paulo vinha sendo governado pelos tucanos desde 1995, mas, até o final de 2019, apenas Lula (PT) e Temer (MDB) haviam sido alvo da força-tarefa local da Lava Jato – em ambos os casos como desdobramentos dos esforços investigativos de Curitiba e Rio de Janeiro, respectivamente. Apenas em julho de 2020 o MPF de São Paulo alcançaria o ex-governador José Serra (PSDB). Ele foi denunciado pela prática de lavagem de dinheiro transnacional, tendo, segundo a acusação, se valido do cargo e de sua influência política para receber da Odebrecht pagamentos indevidos em troca de benefícios relacionados às obras do Rodoanel Sul.

Um detalhe importante talvez explique o pífio desempenho da força-tarefa paulistana em comparação com os núcleos de Curitiba e do Rio de Janeiro. As regras de distribuição de competência que haviam garantido a concentração dos processos relacionados à Lava Jato nas mãos de Moro[37] e Marcelo Bretas, respectivamente, não foram acolhidas pela Justiça Federal paulista. Lá, as ações tramitam em seis varas criminais distintas da Justiça Federal. Conforme já havíamos apontado, o processo de especialização das varas federais, que não ocorreu em São Paulo em relação à Lava Jato, é um elemento fundamental para a compreensão do tecido institucional sob o qual foram cuidadosamente bordados os hoje reconhecidos abusos da operação.

---

[37] Depois da ida de Sergio Moro para o Ministério da Justiça, os juízes Luiz Antonio Bonat e Gabriela Hardt herdaram seus processos oriundos da Lava Jato.

No caso de Curitiba, mais do que os reflexos do processo de especialização das varas na construção do modelo de forças-tarefa, o que Moro garantiu foi uma "quase fusão institucional". Não se tratou de um simples avanço da coordenação institucional que o modelo de forças-tarefa pretendia garantir, especialmente entre a Polícia Federal e o Ministério Público. As conversas entre integrantes da República de Curitiba obtidas por um *hacker* e tornadas públicas pela primeira vez em 2019 comprovaram aquilo de que já se desconfiava: houve uma deliberada confusão entre acusação e julgamento, o que atenta contra os princípios mais básicos do Estado de Direito (KERCHE, 2018b).

Em sua fase pré-judicial, a Lava Jato abusou de dois recursos que foram fundamentais para que se notabilizasse como "a maior operação de combate à corrupção do mundo" e avançasse nos propósitos de seus agentes. Em primeiro lugar, a utilização da imprensa para assegurar o apoio da opinião pública à Lava Jato, o que, conforme será detalhado adiante, se estendeu à fase judicial. Ademais, a mobilização ostensiva de meios invasivos de investigação e a combinação de decretos de prisões cautelares (preventivas e provisórias) com acordos de delação premiada (AVRITZER; MARONA, 2017).

A face policial da operação é a mais visível e, também, a mais invasiva. É a polícia que cumpre as determinações judiciais de prisão, busca e apreensão de bens, condução coercitiva etc. requeridas ou não pelo Ministério Público. E era a Polícia Federal que realizava as conduções coercitivas – instrumento jurídico que permite que se leve à força um cidadão para prestar depoimento, em princípio, quando, tendo sido intimado, ele se recusasse a depor. A Laja Jato, entretanto, usou e abusou da condução coercitiva, estabelecendo um padrão que burlava a real intenção da lei: policiais federais, bem cedo pela manhã, muitas vezes acompanhados pela imprensa, buscavam acusados em suas residências sem qualquer aviso prévio; ou seja, a despeito de terem sido previamente intimados. O objetivo era "constranger os investigados a prestar esclarecimentos sem ter conhecimento anterior das evidências que estão em poder dos investigadores", o que indica uma "estratégia de gestão temporal das investigações e do rito legal das ações penais" (RODRIGUES, 2020, p. 177).

A condução coercitiva foi utilizada em quase todas as fases da operação, pelo menos 211 vezes pelo núcleo de Curitiba[38] e 40 pelo do Rio de Janeiro.[39] Em uma decisão apertada, que dividiu os ministros considerados "legalistas" e os "lavajatistas", o STF decidiu proibir a prática em junho de 2018. Na ocasião, o ministro Dias Toffoli declarou "É chegado, sim, o momento de esta Suprema Corte, na tutela de liberdade de locomoção, impedir interpretações criativas, que atentem contra o direito fundamental de ir e vir e a garantia do contraditório, ampla defesa e não autoincriminação".[40] Àquela altura, muitos já tinham passado pela humilhação de acordar com a polícia na porta de suas residências.

---

[38] No site do MPF <www.mpf.mp.br>, pesquisando a partir da sessão "linha do tempo", registra-se, na verdade 223 conduções coercitivas. Optamos por uma postura mais parcimoniosa mobilizando informações do mesmo site, mas da sessão de dados, onde constam 211 conduções coercitivas.

[39] Disponível em: <https://bit.ly/359nX3r>. Acesso em: 25 jan. 2022. Todos os outros dados relativos às fases da Lava Jato tiveram a mesma fonte.

[40] Disponível em: <https://bit.ly/36x3vK9>. Acesso em: 25 jan. 2022.

Outro expediente utilizado à exaustão pela Lava Jato foi a prisão temporária. Segundo determina a legislação, esse tipo de prisão poderá ser decretado por um período de até cinco dias, prorrogáveis por mais cinco,

> [...] quando for imprescindível para as investigações do inquérito policial; quando o indicado não tiver residência fixa ou não fornecer elementos necessários ao esclarecimento de sua identidade; quando houver fundadas razões, de acordo com qualquer prova admitida na legislação penal, de autoria ou participação do indiciado nos crimes de homicídio, sequestro, roubo, estupro, tráfico de drogas, crimes contra o sistema financeiro, entre outros.[41]

A Lava Jato em Curitiba utilizou desse instrumento 163 vezes, enquanto no Rio de Janeiro foram cumpridos mandados de prisão temporária contra 95 investigados.

Outra espécie de prisão cautelar, a preventiva, foi igualmente mobilizada pela Lava Jato em volume alarmante. Diferentemente da prisão temporária, a preventiva não tem limite de tempo e pode ser usada quando o juiz

> [...] pressupõe que exista alguma prova de ocorrência de um crime e suspeitas razoáveis de que o investigado/réu o tenha praticado. Além disso – e aqui reside a ampla margem de discricionariedade conferida ao Judiciário –, pressupõe-se que a liberdade do investigado/réu deve gerar riscos à sociedade (RODRIGUES, 2020, p. 68-69).

De certa forma, ao decretar a prisão preventiva, o juiz sinaliza que considera o acusado possivelmente culpado,

---

[41] Disponível em: <https://bit.ly/35ouNBY>. Acesso em: 25 jan. 2022.

antes mesmo do julgamento e da oportunidade do contraditório e da ampla defesa. Tudo isso, diante do princípio da presunção da inocência, somente se justificaria como medida excepcional. Com a Lava Jato, contudo, o excepcional se fez regra: em Curitiba, cumpriu 132 mandados de prisão preventiva, enquanto no Rio de Janeiro foram mais 259.

Ainda que haja discrepância na forma de apresentação dos resultados das diferentes "fases operacionais" da Lava Jato e que a cronologia apresente pequenas falhas, se considerarmos as informações apresentadas no site oficial da operação, mantido pelo MPF, é possível, com o auxílio de registros realizados pela imprensa ao longo dos anos, ter uma ideia bastante acurada, em termos quantitativos, da grandeza da Lava Jato. O Gráfico 1 apresenta a evolução do total de prisões cautelares, buscas e apreensões e conduções coercitivas para os núcleos de Curitiba e Rio de Janeiro realizadas, no âmbito da operação, entre 2014 e 2020.

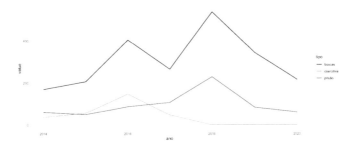

Gráfico 1: Evolução das buscas e apreensões de bens, conduções coercitivas e prisões (temporárias e preventivas) (2014-2020).

Elaboração própria com base em dados disponíveis em: <https://bit.ly/359nX3r>; <https://bit.ly/3hc5gyq>; <https://bit.ly/3JW9dE1>. Acesso em: 12 fev. 2022.

Alguns aspectos merecem destaque. O primeiro é que os picos de mobilização das buscas e apreensões, conduções coercitivas e prisões coincidem com dois momentos importantes da política nacional: o *impeachment* de Dilma Rousseff, em 2016, e a eleição de Jair Bolsonaro, em 2018. É possível especular que as ações da Polícia Federal, sempre registradas pela imprensa de forma espetaculosa, ajudaram a alimentar o clima antipolítica e anti-PT que colaborou com a abreviação do mandato da petista, por um lado, e com a eleição do ex-capitão, por outro.

O segundo aspecto é o fato de que o número total anual de fases operacionais da Lava Jato não acompanha o número de buscas e apreensões, conduções coercitivas e prisões (preventivas e temporárias). Em 2018, por exemplo, há um elevado número de prisões e buscas e apreensões, mas um reduzido número de fases, quando comparado aos anos de 2015, 2016 e 2019, como podemos observar no Gráfico 2, a seguir.

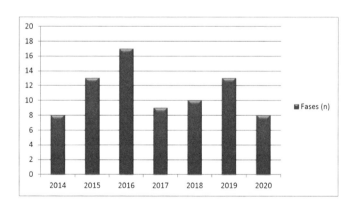

Gráfico 2: Fases da Lava Jato por ano (2014-2020).
Elaboração própria com base em dados disponíveis em: <https://bit.ly/359nX3r>; e <https://bit.ly/3JW9dE1>. Acesso em: 5 mar. 2021.

Ademais, a intensa mobilização daquele arsenal de mecanismos investigativos invasivos veio combinada com outra novidade: a delação premiada. Inspirada em parte na Operação Mãos Limpas (KERCHE, 2018b), a estratégia investigativa que a Lava Jato inaugurou se caracterizou, também, pela forma mais ou menos articulada entre prisões cautelares e colaborações, tal qual referiu o ex-juiz Sergio Moro (2004, p. 58) em um famoso artigo sobre a operação italiana:

> A estratégia de ação adotada pelos magistrados incentivava os investigados a colaborar com a justiça: a estratégia de investigação adotada desde o início do inquérito submetia os suspeitos à pressão de tomar decisão quanto a confessar, espalhando a suspeita de que outros já teriam confessado e levantando a perspectiva de permanência na prisão pelo menos pelo período da custódia preventiva no caso da manutenção do silêncio ou, vice-versa, de soltura imediata no caso de uma confissão [...].

A delação premiada, instrumento jurídico importado do Direito anglo-saxão, permite a promotores e policiais negociarem a pena e a culpabilidade com acusados sem a participação, pelo menos no primeiro momento, do Poder Judiciário. Nos Estados Unidos, 95% dos casos são resolvidos por meio de negociação entre o promotor e o advogado de defesa, cabendo ao juiz apenas a homologação (KERCHE, 2018a). Os primórdios da delação premiada no Brasil remontam aos anos 1990, mas foi apenas com a promulgação da nova Lei de Lavagem de Dinheiro (n. 12.683/2012) e da Lei do Crime Organizado (n. 12.850/2013), ambas no governo Dilma, que os atores do sistema de justiça ganharam respaldo efetivo para negociar delações em troca de benefícios.

Existem algumas exigências para que se firme um acordo de delação premiada: que a colaboração seja espontânea, que o colaborador tenha participado da infração, que as denúncias sejam relevantes e que as informações sejam efetivas. Na prática, contudo, essas exigências não se traduzem em restrições na atuação dos procuradores, que mantêm margens expressivas de discricionariedade na condução do processo. Como falar em colaboração espontânea quando se está preso temporariamente ou preventivamente? Na Lava Jato, nem todos aqueles que firmaram acordos de delação premiada estavam atrás das grades, mas alguns dos principais depoimentos – no sentido de oferecerem informações que foram cruciais para o rumo das investigações – foram tomados, em regime de colaboração, depois da decretação de prisões preventivas ou temporárias.

Alberto Youssef, por exemplo, foi preso no momento originário de deflagração da Lava Jato, em março de 2014, e assinou acordo de delação premiada alguns meses depois, em setembro do mesmo ano. O mesmo aconteceu com Paulo Roberto Costa, ex-diretor da Petrobras, que foi preso na segunda fase da operação, também em março de 2014. Solto por ordem do STF em maio e preso novamente pela Lava Jato de Curitiba menos de um mês depois, finalmente assinou acordo de delação premiada em agosto do mesmo ano. Em alguns casos, os investigados ficaram atrás das grades por vários meses antes de assinar o acordo de delação premiada: Nestor Cerveró e Renato Duque, outros dois ex-diretores da Petrobras, se renderam e colaboraram com a força-tarefa.

Ademais, a evolução no cumprimento dos mandados de prisão, de busca e apreensão e condução coercitiva, amplamente televisionada, certamente contribuiu para que muitos se antecipassem ao que parecia inevitável. O caso de Pedro Barusco, ex-gerente de serviços da Petrobras, é exemplar. Em novembro de 2014, ele assinou termos de delação premiada para evitar a prisão. Segundo declarou o procurador da República engajado na Operação Lava Jato, Carlos Fernando Lima, Barusco teria sido motivado pelo fato de que outro delator, anteriormente, havia citado seu nome.[42] A decisão de delatar passou a ser parte de uma estratégia de defesa, fruto de uma avaliação de prós e contras que envolve cálculo sobre as possibilidades reais de ser processado, preso, perder seu patrimônio etc.

Indubitavelmente, as conduções coercitivas e as prisões temporárias e preventivas serviram de instrumento de pressão sobre os acusados, criando fortes incentivos para a delação premiada. Quase metade dos réus nas ações penais decorrentes da Operação Câmbio, Desligo no Rio de Janeiro, por exemplo, tornaram-se delatores – 25 entre os 63 acusados.[43] O clima era de apreensão no auge da Lava Jato. Eram frequentes as notícias de pessoas sendo levadas para depor ou presas. Julian Barnes, em seu romance sobre a vida do compositor russo Dmitri Shostakovich, *O ruído do tempo*, conta que seu

---

[42] Disponível em <https://bit.ly/3sgUbCB>. Acesso em: 6 mar. 2021.

[43] Disponível em: <https://bit.ly/3BQvwZ2>. Acesso em: 25 jan. 2022.

personagem dormia de roupa e sempre deixava uma valise arrumada para não ser arrastado de pijama quando as forças de repressão do stalinismo viessem buscá-lo. Difícil deixar de imaginar a cena acontecendo entre os investigados pela Lava Jato.

A discricionariedade dos membros do MPF na mobilização da delação premiada fica ainda mais evidente se considerarmos que nenhum outro ator, senão aqueles que participaram da negociação, pode contestar judicialmente o acordo (RODRIGUES, 2020). Outro indicador é a ampla possibilidade de os procuradores distribuírem benefícios diversos aos delatores: desde o perdão judicial, a redução da pena em até dois terços e a substituição por penas alternativas à prisão. Todos são "moedas de troca" à disposição da acusação.

Na primeira instância, entre 2014 e 2020, foram fechados 209 acordos em Curitiba, 37 em São Paulo e 180 no Rio de Janeiro. O STF, por sua vez, autorizou 183 acordos de colaboração no mesmo período. Em média, as penas privativas de liberdade dos delatores foram temporalmente reduzidas em 81%, considerando os acordos firmados entre 2014 e 2018 (KERCHE; MARONA, 2018). Ou seja, de cada dez anos, o delator, caso condenado, precisaria cumprir dois, o que muitas vezes ainda permitia a fixação de uma modalidade mais branda de regime prisional. O diagrama da Figura 1 apresenta alguns exemplos da extensão dos benefícios concedidos a delatores, entre 2014 e 207, no âmbito da Lava Jato.

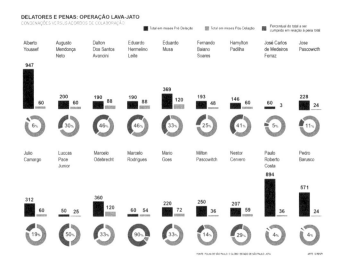

Figura 1: Delatores e penas – Operação Lava Jato (2014-2017).
Fonte: AVRITZER; MARONA, 2017.

A variação na extensão dos benefícios – considerada aqui apenas a redução das penas privativas de liberdade – é extensa: em alguns casos, como os de Paulo Roberto Costa, Pedro Barusco e Alberto Youssef, a redução chega a 95% do tempo estimado, enquanto em outros, como no de Marcelo Rodrigues, não passa dos 10%.

Ainda outro aspecto relevante da discricionariedade dos procuradores na mobilização da delação premiada pode ser ilustrado a partir de Pedro Barusco. Como vimos, as denúncias do delator devem ser relevantes – quem avalia a relevância, contudo, são os procuradores. Isso significa que dirigem o depoimento, encaminham questões e selecionam as informações prestadas com base em critérios próprios relacionados ao direcionamento que querem dar às investigações. A delação de Barusco foi comemorada pelo MPF como tendo sido "uma das melhores delações" que já havia sido fechada até ali, pela capacidade de abrir novos caminhos para a investigação, rumo ao topo da pirâmide – que é como se estrutura uma organização criminosa.[44]

Diante deste cenário, colaborar era a opção mais racional e vantajosa para os investigados na Operação Lava Jato, pelo menos para os que estavam em posição de fazê-lo, segundo a lógica do Ministério Público. Isto é, se a linha de investigação é a da existência de uma organização criminosa, quem está em melhores condições de negociar são justamente os que integram a suposta cadeia de comando em níveis de "médio escalão". A verdade é que um acusado ou réu na Lava Jato, especialmente na 13ª Vara de Curitiba, tinha pouca chance de não ser condenado em um julgamento; percebia que as penas eram altas, e a menos que o acusado habitasse outro planeta, ele sabia que a estratégia era fazer jogo duro com os envolvidos no esquema de corrupção – com o apoio da opinião pública e as bênçãos do STF. De modo que

> [...] mesmo que não tenha havido deliberado uso da prisão com a finalidade de constranger determinados investigados a delatar, a forma como a Justiça Federal de Curitiba tratou a prisão dos investigados que colaboraram produziu a expectativa de que delação era a via mais eficiente para sobreviver ao verdadeiro combate que se tornou a atividade de controle criminal da corrupção (RODRIGUES, 2020, p. 192).

---

[44] Ver: <https://bit.ly/3sgUbCB>. Acesso em: 12 fev. 2020.

Delatar, como já afirmamos, transformou-se no melhor negócio. Segundo alguns críticos,[45] criou-se uma espécie de "mercado de delação", inclusive com advogados especializados nessa prática. E há indício de que a colaboração era voltada especialmente para alguns alvos, particularmente para políticos (RODRIGUES, 2020) e, em especial, para políticos do PT (AVRITZER; MARONA, 2017). Moro, em uma declaração feita em 2021, afirmou que a Lava Jato combateu o partido de Lula e Dilma de forma eficaz se comparado com outras iniciativas.[46] Até Marcelo Odebrecht, um dos chefes do "núcleo empresarial", fez um acordo de delação premiada, justamente porque apontava o dedo para Lula. Acordos de delação premiada também podiam ser fechados com a Polícia Federal – e não somente com os procuradores. A delação do ex-ministro Antônio Palocci, divulgada por Moro a poucos dias da eleição presidencial de 2018 com o inegável intuito de interferir no processo em favor do então candidato Jair Bolsonaro, foi fechada com a polícia, já que o Ministério Público não a aceitou. O argumento oficial dos procuradores era o de que não havia elementos comprobatórios das acusações de Palocci sobre Lula. Considerando, contudo, que a força-tarefa de Curitiba já havia celebrado acordos de delação desacompanhados de provas, especula-se que, na realidade, um acordo com o ex-ministro já não era mais necessário, pois Lula não disputaria as eleições presidenciais já que estava, àquela altura, preso.

---

[45] Disponível em: <https://bit.ly/33MC3qS>. Acesso em: 25 jan. 2022.

[46] Disponível em: <https://bit.ly/3IyBGj3>. Acesso em: 25 jan. 2022.

Os limites que o STF poderia impor às técnicas investigativas da Lava Jato não chegavam. Ao contrário, o tribunal avalizava cada decisão, em Curitiba, de Sergio Moro. De certa forma, o Supremo seguia, primeiro sob a batuta de Teori Zavascki e, mais tarde, da de Edson Fachin, a sua própria toada punitivista na "Lava Jato do Supremo". Os abusos da operação em Curitiba serão exemplificados e analisados adiante quando tratarmos da evolução do processo do ex-presidente Lula – o troféu de Moro e seus asseclas.

A "Lava Jato do Supremo" nasceu do julgamento de duas questões de ordem, nas ações penais 871 e 878, nas quais o tribunal se viu novamente às voltas com a questão do conflito de competência em julgamentos de corrupção, como já apontamos. Diferentemente da postura adotada no caso do Mensalão, desta vez a Corte decidiu limitar sua competência originária àqueles casos em que os investigados detinham foro privilegiado. Convém também lembrar que até 2001 o STF só podia processar e julgar deputados e senadores se as respectivas casas legislativas autorizassem. Na prática, isso implicava um impedimento do exercício da competência penal originária da Corte. Foi a Emenda Constitucional n. 35/2001 que garantiu, do ponto de vista institucional, o exercício pleno dessa competência, facultando o julgamento de parlamentares sem autorização prévia do Legislativo. O Supremo passou a exercer, de fato, sua competência criminal originária com o Mensalão e, naquela oportunidade, manteve sob sua jurisdição todos os acusados (com ou sem foro) envolvidos no suposto esquema de compra de votos que ameaçou derrubar o governo Lula em 2005.

Foi para evitar o "efeito Mensalão", quando o tribunal foi quase dragado por um único processo criminal, que o Supremo, sob a batuta de Zavascki, retomou os limites mais estreitos de sua competência penal originária. Não foi o único movimento reativo ao legado da Ação Penal n.º 470 na Corte. Em 2014, o STF alterou seu Regimento Interno e transferiu para as turmas, cada uma composta por cinco ministros, a competência para julgar ações penais envolvendo agentes públicos com prerrogativa de foro. Assim é que a maioria das autoridades com foro privilegiado passaria a ser julgada pelas turmas do STF – à exceção do presidente da República e de presidentes da Câmara e do Senado que, por crimes comuns, devem ser julgados pelos onze ministros em plenário.

Os dois movimentos – o de reduzir a competência originária apenas aos acusados com foro e o de remeter às turmas boa parte desses julgamentos – têm o mesmo objetivo: desafogar a pauta do plenário e acelerar o julgamento dos processos. A competência penal do STF, contudo, sujeita-se, pelo menos em parte, à pauta do procurador-geral da República. Em março de 2015, Rodrigo Janot apresentou à Corte um pedido de abertura de 28 inquéritos para investigação de crimes envolvendo cidadãos com prerrogativa de foro que haviam sido mencionados nas delações de Alberto Youssef e Paulo Roberto Costa à Lava Jato em Curitiba. Entre os investigados estavam, por exemplo, os presidentes do Senado e da Câmara à época: Renan Calheiros (PMDB) e Eduardo Cunha (PMDB). Ambos foram denunciados por Janot e se tornaram réus em ação penal no STF. Estes são dois casos emblemáticos da atuação do Supremo na Lava Jato porque tiveram implicações diretas no esgarçamento da relação do STF com o Congresso e no *impeachment* de Dilma Rousseff.

Eduardo Cunha era réu da Lava Jato do STF, mas estava por ser julgado um pedido para o seu afastamento da presidência da Câmara e do mandato de deputado federal feito por Rodrigo Janot na mesma oportunidade em que oferecera a denúncia. O ministro Zavascki vinha atuando com muita cautela em relação à questão, considerando o impacto que uma decisão como aquela provocaria, inclusive, para a imagem do Supremo. A intervenção direta no Congresso Nacional, ainda com reflexos no processo de *impeachment* de Dilma Rousseff, tensionaria fortemente o modelo de separação dos poderes da República.

No entanto, pressionado pela iminente decisão liminar do ministro Marco Aurélio Mello em outra ação (ADPF 402), em que a Rede pedia justamente o afastamento de Cunha da presidência da Câmara por ser réu e estar na linha sucessória da presidência da República, o grupo de ministros lavajatistas se movimentou. Motivados por um senso de urgência muito provavelmente oriundo das preocupações com a imagem pública do tribunal, os ministros estavam convencidos de que a decisão deveria vir do relator da Lava Jato, Teori Zavascki. Com isso, acreditavam, seguir-se-ia a marcha de fortalecimento e reinvenção institucional iniciada no Mensalão. Foi assim que os ministros Luís Roberto Barroso, Teori Zavascki e Edson Fachin procuraram o então presidente do STF, Ricardo Lewandowski. Num segundo momento, aconselharam-se com o então decano Celso de Mello e avançaram para ganhar o apoio de Luiz Fux, Gilmar Mendes e Dias Toffoli. Acertadamente, supuseram que

Rosa Weber votaria com o grupo para formar maioria. No dia seguinte, a votação se transformou em unanimidade, e, pela primeira vez na história, um presidente da Câmara dos Deputados foi afastado pelo Poder Judiciário (RECONDO; WEBER, 2019).

O *El País* noticiou a reação de um grupo de parlamentares da seguinte maneira: "Este fato demonstra um desequilíbrio institucional entre os Poderes da República, cuja manutenção pode acarretar consequências danosas e imprevisíveis para a preservação da higidez da democracia no Brasil".[47] A matéria também deu conta de que o advogado-geral da União, o ministro José Eduardo Cardozo, iria pedir a anulação do processo de *impeachment* contra Dilma Rousseff que, àquela altura, já havia sido aprovado na Câmara dos Deputados, mas estava por ser julgado pelo Senado Federal.

Se a decisão não foi suficiente para, de fato, mudar o curso do destino do governo Dilma, certamente ampliou-se as tensões entre os poderes da República, agravadas, ainda, pelo caso de Renan Calheiros, presidente do Senado. É que a ADPF 402 estendia os fundamentos de seu pedido também ao presidente do Senado. O relator, o ministro Marco Aurélio Mello, desta vez, concedeu uma liminar determinando o afastamento de Calheiros da presidência da Casa, mas sem perda de mandato. As relações entre o Judiciário e o Legislativo, que já vinham sendo desgastadas, atingiam um nível de esgarçamento inédito: conforme dão conta Recondo e Weber (2019), foi o ministro Gilmar Mendes quem ventilou a ideia de

---

[47] Disponível em: <https://bit.ly/3HbkjTO>. Acesso em: 14 fev. 2021.

que a liminar não deveria ser cumprida por Calheiros, sob o argumento de que se tratava de ato que invadia os poderes do Legislativo.

De fato, a resposta do Senado veio na forma de enfrentamento. A Mesa Diretora comunicou que não daria cumprimento à decisão liminar do ministro Marco Aurélio e que suspendia todas as atividades parlamentares até que o plenário do STF avaliasse a questão. A solução de compromisso veio pela intervenção do então decano Celso de Mello. Renan Calheiros seria mantido na presidência do Senado, mas não poderia suceder Temer na presidência da República em caso de eventual ausência.

Esses dois marcos da atuação inicial do Supremo na Lava Jato podem ser certamente interpretados como batalhas perdidas pelo então PGR, Rodrigo Janot, e derrotas para a operação. A verdade, contudo, é que, paralelamente, o STF atuava como instância recursal, reforçando os avanços de Sergio Moro e Deltan Dallagnol para cima do ex-presidente Lula. Ou seja, o Supremo dava uma no cravo e outra na ferradura: cauteloso em relação aos poderosos de Brasília, permissivo em face dos abusos de Curitiba.

Algum tempo depois, a chamada "Lista de Janot" provocaria um novo turbilhão. O PGR, a partir dos acordos de leniência firmados com executivos da Odebrecht, colocava mais uma vez sob suspeita quase todo o alto escalão da política brasileira. Acordos de leniência são um instrumento jurídico previsto na Lei Anticorrupção (Lei n.º 12.846/2013). Seu objetivo principal é o de restituir ou reparar prejuízos causados por atores ilícitos, funcionando como uma espécie de delação premiada no meio empresarial. O acusado ou réu fornece informações supostamente relevantes para contribuir com o desvelamento de esquemas fraudulentos ou com a captura de outros criminosos em troca de benefícios para a empresa e, eventualmente, para os delatores. Os benefícios variam desde a redução de valores de multas, a extinção de proibições para recebimento de incentivos, auxílios, empréstimos ou doações de órgãos ou entidades públicas, podendo se estender ao âmbito penal.

Chamada pela imprensa de "delação do fim do mundo", o acordo de leniência firmado com a Odebrecht em dezembro de 2016 reunia o depoimento de 78 executivos e ex-executivos da construtora. Foram citados pelos delatores vários ministros do governo de Michel Temer, quatro ex-presidentes da República, 71 parlamentares, entre deputados e senadores, além de 12 governadores e dezenas de deputados estaduais.[48] As acusações, em sua maioria, davam conta do recebimento de recursos ilícitos para auxiliar na aprovação de projetos de lei, contratações para obras ou liberação de recursos públicos.

O acordo gerou pelo menos 76 novos inquéritos no STF, quando a Lava Jato já estava sob a relatoria de Edson Fachin, que substituiu Teori Zavascki após sua trágica morte em janeiro de 2017. Os arranjos internos envolvendo a sucessão na relatoria da Lava Jato no Supremo mereceriam um capítulo à parte. Recondo e Weber (2019, p. 40) afirmam que o episódio revelou, "em detalhes e nas movimentações de cúpula, o funcionamento do tribunal: seus vícios, suas paranoias, manobras,

---

[48] As delações da Odebrecht espalharam as investigações da Odebrecht por pelo menos 12 estados da federação. Ver: <https://bit.ly/3Hi9FKT>. Acesso em: 16 fev. 2021.

conspirações". Certamente revelou mais do que isso: dá ideia da dimensão da Lava Jato naquele momento em que o PGR estava na iminência de requerer a investigação de toda a cúpula da política brasileira, bem como, também, da preocupação dos ministros com sua imagem pública. Fachin chegou a contratar assessores de imprensa com recursos próprios ao herdar a relatoria da Lava Jato, tamanhos eram os holofotes e a posição estratégica de seu novo trabalho.

Como o sorteio do novo relator se daria apenas entre os integrantes da 2ª Turma, onde tramitavam os processos da Lava Jato, concorriam à relatoria os ministros Gilmar Mendes, Celso de Mello, Dias Toffoli e Ricardo Lewandowski, além de Edson Fachin, que havia convenientemente se transferido da 1ª para a 2ª Turma dias antes. A opinião pública pressionava o Supremo, e havia a preocupação da então presidente da Corte, Carmen Lúcia, em refutar a tese de que a Lava Jato estaria comprometida se caísse em mãos erradas. A verdade é que havia o temor de que Gilmar Mendes ou Ricardo Lewandowski assumissem a Lava Jato no Supremo em razão de sua posição crítica aos procedimentos adotados pelo MPF na operação. Por outro lado, o nome de Dias Toffoli também não parecia conveniente em razão de sua relação orgânica original com o PT.

Assim é que Fachin despontou como a melhor saída, ainda que tenha enfrentado, em um primeiro momento, certa indisposição de Carmen Lúcia. Diante do volume de inquéritos, ações penais e diligências que a Lava Jato envolvia, o novo relator requereu à então presidente da Corte a ampliação da estrutura de seu gabinete pela integração de alguns assessores sêniores, no que foi atendido pela presidente somente após dois meses de recusas (RECONDO; WEBER, 2019).

A preocupação com o ritmo dos processos diante do volume dos inquéritos gerados a partir das delações da Odebrecht não era descabida. O maior risco era o de que muitos casos prescrevessem, particularmente entre aqueles que estavam envolvidos somente em caixa dois, a quem o benefício da prescrição atinge 12 anos após a ocorrência do ato ilício – reduzindo-se o prazo pela metade para os que têm mais de 70 anos. As estatísticas do Supremo não favoreciam: em média, o STF dispende 565 dias (cerca de um ano e meio) até que um investigado se torne réu.

De fato, foram inúmeros os desdobramentos das denúncias apresentadas pela Procuradoria-Geral da República. Vale a pena, contudo, destacar a confusão que a Lava Jato criava em torno do sistema de financiamento de campanha pelo potencial de criminalizar a atividade político-partidária mais difundida em democracias representativas: a de arrecadar fundos para colocar na rua campanhas competitivas. À época dos fatos narrados pelos delatores, as doações empresariais eram permitidas a campanhas eleitorais. Vários dos depoimentos dos empresários e executivos da Odebrecht, no entanto, promoviam uma verdadeira confusão entre propina (que deveria exigir a demonstração da contrapartida, do *quid pro quo* para que se configure um crime de corrupção), caixa dois (doações eleitorais não declaradas pelos partidos políticos e que é um crime eleitoral) e caixa um (doações eleitorais legais declaradas à Justiça pelos partidos).

O modelo de financiamento de campanhas não fornecia critérios claros para a determinação das fronteiras entre as diferentes práticas lícitas e ilícitas que envolvem as relações entre o sistema político e o poder econômico. Esse é um problema não somente no Brasil. Financiamento eleitoral é uma zona cinzenta nas democracias, inclusive nas mais consolidadas. Muitas vezes, se confunde deliberadamente, como pareceu fazer a Lava Jato, imoralidade com corrupção. É difícil saber se um político mudou de posição por causa de seus contribuidores ou se eles compartilhavam de um mesmo ponto de vista (ROSE-ACKERMAN; PALIFKA, 2016). As confusões geradas pelas delações já haviam colocado em xeque as estratégias de arrecadação dos partidos – ou melhor, do PT – no caso que envolveu a prisão de seu tesoureiro, Vaccari Neto, pela Lava Jato de Curitiba. Eis aí um bom caso para ilustrar este ponto.

Vaccari havia sido apontado como intermediário de pagamento de propinas oriundas de contratos superfaturados da Petrobras em depoimentos de delatores da Lava Jato de Curitiba. O tesoureiro acabou condenado em quatro ações, mas foi absolvido, em segunda instância, da acusação mais ilustrativa dos riscos associados a uma estratégia que se lança à mobilização indiscriminada de mecanismos penais negociais (como a delação premiada) e à criminalização generalizada da atividade política.

Em troca de um possível perdão judicial, o empresário Augusto Ribeiro de Mendonça Neto, envolvido no esquema de desvios de recursos da Petrobras, delatou Vaccari como o articulador de verdadeira "feitiçaria" – como à época noticiou a revista *Veja*.[49] O "mago da corrupção do PT" não transformava água em vinho, mas caixa dois em caixa um, segundo Mendonça Neto. O empresário

---

[49] Disponível em: <https://bit.ly/3sfbSlZ>. Acesso em: 11 fev. 2021.

alegava que as doações que havia realizado em benefício do PT entre 2008 e 2011, eram, na verdade, pagamento de propina, conforme um acerto que teria feito com Vaccari, na sede do partido, em São Paulo. E não bastava que no site do Tribunal Superior Eleitoral (TSE) a prestação de contas do PT indicasse, devidamente, as doações realizadas pelas empresas de Mendonça Neto. A acusação do empresário, vazada para a imprensa, colocava sob suspeição a contabilidade petista em meio à campanha de reeleição de Dilma Rousseff.

Para que se tenha uma ideia do impacto político do vazamento da delação de Mendonça Neto à época, o então senador Aécio Neves (PSDB), principal opositor de Rousseff na eleição, declarou: "Se isso foi verdadeiro, tem um governo ilegítimo no Brasil. É a denúncia mais grave que surgiu até aqui".[50] O detalhe é que Vaccari foi condenado por Moro, mas, em 2017, a decisão foi revertida no TRF4. Mesmo os desembargadores, sempre tão próximos de Moro, consideraram que havia insuficiência de provas já que a sentença do juízo de primeira instância se fundava apenas em delações premiadas.

O que estamos tentando reforçar é que foi a manipulação discricionária da delação premiada pelos agentes da Lava Jato de Curitiba que possibilitou que estratégias partidárias de financiamento de campanha, mesmo as declaradas à Justiça, fossem equiparadas a práticas criminosas. A acusação de Mendonça Neto, no entanto, não faria o estrago que fez não fosse a possibilidade legal oferecida pela nova Lei de Lavagem, de 2012, articulada a novas intepretações jurisprudenciais de caráter punitivista.

---

[50] Disponível em: <https://bit.ly/3hdU5p9>. Acesso em: 11 fev. 2020.

A acusação de que as doações eram, na verdade, propina e de que Vaccari era articulador de um esquema de corrupção, usando o PT para lavar o dinheiro "sujo", deveria pressupor alguns eventos. Primeiro, a comprovação de que as doações eram propina e, consequentemente, de que Vaccari era corrupto deveria demandar a demonstração de que houve alguma contrapartida em benefício das empresas de Mendonça Neto, certo? Segundo, se Vaccari, ao invés de corrupção, tivesse apenas praticado crime de lavagem de dinheiro, era preciso comprovar a origem ilegal do recurso, não?

Curiosamente, a resposta é *não* para ambas as perguntas – pelo menos segundo as bases jurisprudenciais em que se assentava a Lava Jato. Em primeiro lugar, não era necessário comprovar a contrapartida em benefício das empresas de Mendonça Neto – pelo menos não diretamente. Era possível supor, seguindo o raciocínio de Moro e dos procuradores, que as empresas de Mendonça Neto haviam se beneficiado do esquema de corrupção montado na Petrobras sob o governo do PT e derivar daí a responsabilidade dos quadros do partido, inclusive de seu tesoureiro. Mesmo em relação à acusação de lavagem, como já adiantamos, havia entendimento judicial no sentido de que bastaria que o acusado tivesse condições de saber da origem ilícita do dinheiro para que pudesse incorrer criminalmente.

Esse conjunto mambembe de raciocínios jurídicos induziu a criminalização da atividade política, a equiparação de políticos a criminosos e, particularmente, a comparação do PT com uma quadrilha que operava a criminalidade organizada no Brasil.

No entanto, quando as delações da Odebrecht chegaram ao Supremo, o tribunal já havia alterado o modelo de financiamento de campanhas eleitorais, visando coibir a captura do sistema político pelo poder econômico, dessa vez, pelo julgamento da Ação Direta de Inconstitucionalidade (ADI) n.º 4.650. Portanto, foi sob a ressaca da criminalização da política que foram recebidas as delações da Odebrecht, dando contornos de propina a toda e qualquer doação realizada pela empresa a políticos e suas campanhas e impulsionando inquéritos envolvendo a cúpula do Congresso Nacional, ministros de Estado e ex-presidentes da República.

O Supremo se meteu em uma sinuca de bico. A "solução Vaccari", se replicada pelo Supremo, ameaçava implodir todo o sistema político brasileiro. Não se tratava apenas de qualificar um partido, o dos Trabalhadores (PT), como uma organização criminosa, o que parecia ser o objetivo da força-tarefa e de Moro em Curitiba. Agora a questão era reconhecer que PSDB, PMDB, PP, DEM e outros compartilhavam do mesmo esquema apontado como criminoso. Estava nas mãos do STF estabelecer as distinções necessárias para frear os ímpetos de "moralização do Estado" apresentados pela imprensa e endossados por parte dos políticos, empresários e sociedade como um fim nobre em nome do qual toda sorte de violações à legalidade era mitigada.

A posição do Supremo era, por isso, complexa, especialmente pelos constrangimentos promovidos pelo PGR à época, que parecia disputar protagonismo com a força-tarefa de Curitiba. Conforme noticiou o site *Jota* em março de 2017,[51] os procuradores envolvidos nas delações da Odebrecht haviam organizado um roteiro, um passo a passo para a tomada dos depoimentos.

---

[51] Disponível em: <https://bit.ly/35s1FKh>. Acesso em: 15 fev. 2021.

Primeiro, os procuradores questionavam se o delator deu dinheiro para a campanha. Depois, indagavam se ele saberia dizer quais foram os gastos de campanha quitados com aquele recurso. Em qual conta o dinheiro foi depositado? Na conta do partido? Na conta da campanha? Em vários casos, a conta indicada para o depósito não foi do candidato ou da legenda, mas uma conta de titular desconhecido, indicada pelo arrecadador de campanha, por exemplo. Vinha em seguida uma pergunta, atrelada à anterior, cuja resposta era quase sempre negativa: você, delator, consegue assegurar que o dinheiro foi mesmo para a campanha? Neste ponto, vários dos diretores, ex-diretores e funcionários da Odebrecht disseram algo semelhante: o dinheiro foi pedido como se fosse para campanha, mas que não sabiam se a destinação foi realmente aquela. Os procuradores perguntavam ainda por que a empresa doava dinheiro antes da campanha eleitoral e depois da eleição. E alguns dos delatores disseram que havia antecipação de doações e, terminada a corrida eleitoral, pagamento das despesas restantes da campanha.

Acontece que a questão-chave não deveria residir tanto na comprovação da existência da doação, mas da ocorrência da contrapartida – daí a necessidade de determinar o "ato de ofício" que caracterizaria o crime de corrupção. Eis a dificuldade que se colocava diante do conjunto de delações que apontava para doações rotativas da Odebrecht a políticos de diversos partidos: antes, durante e depois das campanhas a empresa realizava pagamentos, conforme os depoimentos de vários executivos. Como seria possível configurar atos isolados de corrupção? Como seria possível apontar que o voto de um parlamentar que recebera doação da empresa para campanha, mesmo que favorável aos seus interesses, constituiria ato de ofício? Ou, inversamente, como seria possível apontar que o *lobby* da empresa junto a parlamentares a quem tenha oferecido apoio eleitoral prévio não se configura como defesa legítima de seus interesses?

Importante que se diga que não se trata de avaliar a adequação do modelo de financiamento de campanha aos ditames constitucionais – coisa que o STF já havia feito no julgamento da ADI n.º 4.650, promovendo mais uma reforma do sistema eleitoral via Judiciário, o que seria, mais propriamente, atribuição do Congresso Nacional. De qualquer modo, a questão que estava colocada para a 2ª Turma do STF, responsável pelos casos da Lava Jato, era outra: a da distinção entre os crimes imputados pelo PGR, o que deveria demandar que se comprovasse que os envolvidos praticavam condutas ilegais de forma consciente. Vaccari Neto, entretanto, estava aí para provar que nem sempre os silogismos mais singelos eram acessados pelo lavajatismo de plantão.

Apenas em 2019 o STF enfrentou a questão. A saída foi, mais uma vez, restringir sua própria competência, deslocando para a Justiça Eleitoral o julgamento de crimes comuns – como corrupção e lavagem de dinheiro – conexos a crimes eleitorais, notadamente o de caixa dois. Eis um sinal, sem dúvida, de que a Lava Jato começava a perder tração. Convém destacar, contudo, que entre 2017 (quando os depoimentos dos delatores da Odebrecht chegaram ao tribunal) e 2019 (quando os processos foram deslocados para a Justiça Eleitoral), a Corte se manteve firme na convalidação dos atos do juiz Sergio Moro em relação aos processos criminais do ex-presidente Lula.

O STF navegava em um mar revolto, mas sua estratégia era firme. No exercício de sua competência penal originária, acumulava recuos em comparação ao julgamento do Mensalão. Parecia encontrar, nos limites relacionados à dinâmica da relação entre os poderes da República, alguma dificuldade de propulsão do lavajatismo. Por outro lado, mitigou parte dos impactos negativos à sua imagem pública de tribunal implacável contra a corrupção, atuando como instância revisora especialmente nos casos que envolviam os interesses diretos do ex-presidente Lula. Daí advêm não apenas as suas intervenções mais expressivas na cena política nacional como também a sua parcela de responsabilidade na crise política que colocou em xeque a democracia brasileira, cujo epicentro remete à condenação de Lula e a sua alienação à disputa eleitoral de 2018. O Supremo deixou Moro correr solto durante muitos anos.

Capítulo 5

O "caso Lula": o troféu da Lava Jato

O ex-presidente Lula foi preso no dia 7 de abril de 2018, 1.482 dias após o início oficial da Operação Lava Jato e exatos 6 meses antes do primeiro turno das eleições presidenciais, para as quais ele aparecia como o favorito mesmo após o massacre reputacional promovido por seus adversários até ali. Embora o mandado de prisão tenha sido emitido no dia 5 de abril pelo juiz Sergio Moro "dezessete minutos e cinquenta segundos" depois de receber a autorização do Tribunal Regional Federal da 4ª Região (TRF4) (Morais, 2021), Lula somente se entregou no sábado, dois dias depois, em um gesto político que alimentou o noticiário e embalou seus admiradores: o ex-presidente foi para a sede do Sindicato dos Metalúrgicos de São Bernardo, instituição onde iniciou sua carreira política, e, cercado por correligionários, lideranças políticas, familiares, amigos e uma multidão de apoiadores, obrigou a Polícia Federal a ir buscá-lo nos braços do povo, expressão que capta literalmente o momento eternizado pela fotografia, tirada do alto do prédio do sindicato, que retrata Lula cercado por uma massa indistinguível de mãos e braços a carregá-lo.

O ex-presidente ficou preso por 580 dias, até o dia 8 de novembro de 2019.

Lula havia sido condenado em primeira instância a nove anos e seis meses de pena privativa de liberdade, além de uma multa por corrupção passiva e lavagem de dinheiro na ação que envolvia o "apartamento triplex do Guarujá". Pouco mais de seis meses depois, o ex-presidente teve sua condenação confirmada e sua pena ampliada para 12 anos e um mês pelos desembargadores da 8ª Turma do TRF4.[52]

Embora o ex-presidente já tivesse sido acusado em outros processos e inclusive julgado e condenado, também na Vara de Curitiba, pelo caso que ficou conhecido como o do "Sítio de Atibaia", todos os demais tramitaram em um ritmo muito mais lento do que aquele que levou à sua prisão. Aquela primeira condenação, confirmada a jato pelo TRF4, foi suficiente para retirar Lula da disputa eleitoral em 2018. Pela Lei da Ficha Limpa, condenados por tribunais – ou seja, em segunda instância – não podem disputar eleições, embora o Tribunal Superior Eleitoral (TSE), responsável pela análise dos registros de candidatura, já tenha flexibilizado a regra em situações similares à do ex-presidente. Segundo a defesa de Lula, dentre os 145 prefeitos eleitos que concorreram com o

---

[52] Já com o ex-presidente Lula solto, a 5ª Turma do STJ, em abril de 2019, diminuiu a pena para 8 anos e 10 meses e reduziu o valor da multa (Disponível em: <https://bit.ly/3BLPvYK>. Acesso em: 25 jan. 2022).

registro indeferido nas eleições de 2016, 70% consegui-
ram reverter a decisão depois do pleito, foram diplomados
e tomaram posse.[53]

Não foram apenas Sergio Moro e os desembargadores do TRF4, entretanto, os atores relevantes no processamento, no julgamento e, finalmente, na prisão do
ex-presidente Lula. Os ministros do Supremo Tribunal
Federal (STF) também "deram seu quinhão ao vigário"
– para usar a expressão usada por Manuel Antônio de
Almeida em seu romance *Memórias de um sargento de
milícias*. Conforme mencionamos no capítulo anterior,
as decisões do STF em face das medidas controversas
durante a Operação Lava Jato de Curitiba talvez ex-
pressem, em conjunto, a dimensão mais politizada da
atuação da Corte e de seus ministros. Convém lembrar
as sucessivas idas e vindas do entendimento do Supremo
acerca da possibilidade de prisão antes do "transitado em
julgado" do processo.

O embate em torno da constitucionalidade da execução provisória da pena envolve a disputa entre argumentos
deontológicos, derivados do direito fundamental de presunção de inocência (art. 5º, LVII), e consequencialistas,
vinculados a preocupações com a efetividade da justiça
penal. Afastadas, por ora, quaisquer considerações teó-
rico-normativas sobre a disputa, o que se quer apontar,
desde logo, é que esta não é uma questão que deveria ser
resolvida ao sabor da conjuntura política.

No Brasil, ainda que a previsão constitucional fosse
expressa quanto à impossibilidade de execução provisória

---

[53] Disponível em: <https://bit.ly/3IhoAGD>. Acesso em: 25 jan. 2022.

da pena,[54] a jurisprudência não estava firmada – os tribunais vacilavam na aplicação do dispositivo constitucional. Mesmo o STF, até 2009, entendia ser possível executar a pena antes do trânsito em julgado em ação penal condenatória,[55] mas mudou de entendimento ao julgar, naquele ano, o *habeas corpus* 84.078. Por maioria de 7 votos, o tribunal afirmou que a execução provisória da pena violava o princípio da presunção de inocência. Seguindo a compreensão do Supremo, o legislador tratou de alterar a redação do artigo 283 do Código de Processo Penal, que trata sobre a questão, para esclarecer que "Ninguém poderá ser preso senão em flagrante delito ou por ordem escrita e fundamentada da autoridade judiciária competente, em decorrência de sentença condenatória transitada em julgado ou, no curso da investigação ou do processo, em virtude de prisão temporária ou prisão preventiva".

A questão parecia superada até que em 2016, surfando na onda punitivista que vinha rendendo protagonismo ao STF desde o Mensalão, os ministros mudaram de entendimento novamente para possibilitar a execução da pena aplicada ao réu após julgamento em segunda instância. A decisão foi confirmada em plenário, por maioria apertada de 6 votos. Até este momento, as decisões fundamentais do STF sobre o tema vinham acontecendo em julgamentos de *habeas corpus*, que é uma ação que veicula pretensão individual, portanto, envolvendo casos concretos.

---

[54] A Constituição de 1988, em seu artigo 5º, LVII, determina que "ninguém será considerado culpado até o trânsito em julgado de sentença penal condenatória".

[55] Em sucinta definição: uma sentença "transitada em julgado" é aquela contra a qual já não cabe mais recurso.

Diante da reviravolta jurisprudencial da Corte, o Patriotas (ex-PEN) e o Conselho Federal da Ordem dos Advogados do Brasil (CFOAB) ajuizaram ações diretas de constitucionalidade (ADCs 43 e 44) com o intuito de reafirmar a compatibilidade entre o artigo 283 do Código de Processo Penal e a Constituição de 1988. O objetivo era obter uma decisão em abstrato acerca da inconstitucionalidade da execução provisória da pena. As ações, contudo, não seriam julgadas até 2019. O radar da então presidente do Supremo, Carmen Lúcia, para a opinião pública captava sinais de que a prisão do ex-presidente Lula politizava um julgamento demasiadamente eventual.

Desde 2017, contudo, a possibilidade de uma nova alteração da jurisprudência da Corte sobre a execução da pena se colocava aqui e ali em razão das alterações na composição da casa e do posicionamento de alguns ministros. O recém-chegado ministro Alexandre de Moraes tendia a aderir ao grupo vencido em 2016, e Gilmar Mendes havia anunciado publicamente sua mudança de posição para somar argumentos à tese contrária à execução provisória da pena.[56] A divisão no STF em torno da matéria também trazia prejuízos à imagem pública da Corte porque dava aos julgamentos dos *habeas corpus* contra prisões em segunda instância uma dimensão "lotérica", mitigando a própria concepção de jurisprudência associada ao valor da segurança jurídica. Essa era a opinião de Marco Aurélio Mello, relator das ADCs 43 e 44 e, posteriormente, também da ADC 54, proposta pelo Partido Comunista do Brasil (PCdoB) e conexa às

---

[56] Ver: <https://bit.ly/3seSnu0>. Acesso em: 19 fev. 2021.

anteriores. A pressão sobre Carmen Lúcia para pautar o julgamento das ADCs só fazia crescer.

Como já tivemos oportunidade de demonstrar, o quadro institucional do STF, de fato, possibilita o protagonismo individual dos ministros, que detêm "poderes de conceder liminares sobre temas sensíveis, atuando isoladamente, debruçados sobre um texto constitucional verborrágico, de olho nas *timelines* e adeptos da '*Living Constitution*'"[57] (RECONDO; WEBER, 2019, p. 71). Quanto mais o tempo passava, maior era o desgaste. O caso havia se tornado emblemático na agenda de moralização da política que o Supremo havia encampado, de modo que o debate público sobre o tema era frequentemente resumido aos riscos dos eventuais benefícios aos réus da Lava Jato.

O então juiz Sergio Moro chegou a afirmar que a reversão no entendimento do Supremo seria um retrocesso comparável ao que aconteceu à Operação Mãos Limpas, na Itália – de onde retirava muita inspiração. Alguns membros do Ministério Público e do Judiciário organizaram um manifesto a favor das prisões em segunda instância, sob o argumento de que o contrário reaqueceria a sensação de impunidade. Mas a verdade é que a reversão, no entendimento do STF, teria poucos efeitos para os desdobramentos da Lava Jato, pois a fase investigatória já havia ganhado corpo e gerado novos braços por todo o país, sem falar nas centenas de acordos

---

[57] Em apertada síntese, a *Living Constitution* é uma ampla doutrina forjada pelo constitucionalismo estadunidense, que afirma o sentido dinâmico da Constituição, apregoando a adaptação do texto constitucional a eventuais novas circunstâncias a despeito de emendamento formal. Ver ACKERMAN, 2007.

de delação premiada que já haviam sido firmados. Tudo indica que se tratava mesmo de manter Lula preso até o final das eleições de 2018.

É verdade que não seria a primeira vez que um julgamento seria personificado, ampliando as pressões da opinião pública sobre o STF. Já analisamos aqui as disputas constitucionais em torno da possibilidade de os réus ocuparem cargos na linha sucessória da presidência da República – o "caso Renan Calheiros". As discussões acerca da constitucionalidade da execução provisória da pena passaram a se resumir ao "caso Lula" (RECONDO; WEBER, 2019). Um detalhe chamava, contudo, a atenção. A questão poderia voltar a ser discutida no STF a partir de dois questionamentos distintos: o julgamento de um *habeas corpus* impetrado pela defesa do ex-presidente ou das ações constitucionais sobre a questão (ADCs 44, 45 e 54) que haviam sido liberadas pelo relator Marco Aurélio, mas não eram apresentadas ao plenário pela presidente Carmen Lúcia, a "dona da pauta" do Supremo.

O Superior Tribunal de Justiça (STJ), instância inferior ao STF, já havia negado um *habeas corpus* preventivo para Lula, que acabou condenado em primeira e segunda instâncias no caso do triplex no Guarujá. Preso, o ex-presidente recorreu ao STF, e o ministro Fachin, relator da Lava Jato, também indeferiu o pedido. Em uma atitude pouco comum, mas estratégica para aumentar as chances de confirmação de sua decisão, enviou o caso para o plenário, evitando a 2ª Turma, onde Lula poderia conseguir maioria. O absolutamente discricionário deslocamento de competência do relator da Lava Jato acabou chancelado pelo próprio tribunal em um julgamento no plenário. Os ministros, que já vinham realizando a gestão política do tempo dos processos por meio dos pedidos de vista ou da escolha do timming para liberá-los para pauta, "flanando pela jurisprudência vacilante do tribunal em alguns temas" passaram a também "escolher quais colegas julgariam casos de sua relatoria" (RECONDO; WEBER, 2019, p. 265).

Finalmente, em março de 2018, frente ao imobilismo estratégico da presidente Carmen Lúcia, que não pautava o "caso Lula", Marco Aurélio estressou as relações com o comando do STF. O ministro ameaçou submeter ao plenário uma questão de ordem questionando o poder da presidência de decidir sobre a pauta. Recondo e Weber (2019) contam que o decano, Celso de Mello, tentou articular uma solução que evitasse o desgaste da presidente, mas garantisse a resolução da contenda que àquela altura consumia institucionalmente o STF. Em vão. Carmen Lúcia continuou manobrando e pautou a ação menos favorável ao ex-presidente: o *habeas corpus*. Ao final, a prisão foi mantida por um placar de 6 votos contra 5. Caso a presidente do STF tivesse pautado as ações declaratórias de constitucionalidade sobre prisão em segunda instância no lugar do *habeas corpus*, muito provavelmente Lula poderia sair da sede da Polícia Federal em Curitiba naquela oportunidade, embora ainda como "ficha suja" e impedido de disputar eleições. Carmen Lúcia, contudo, colocou em pauta "um caso individual e de um personagem que dividia paixões", ampliando os custos políticos da decisão pela inconstitucionalidade da prisão em segunda instância e influenciando, com isso, o resultado. A ministra Rosa Weber, que votou contra o *habeas corpus*, declarou, por exemplo, que, "se estivesse em julgamento a tese, votaria contra a prisão em segunda instância" (Recondo; Weber, 2019, p. 292). Esse voto seria suficiente para uma maioria favorável ao ex-presidente.

O que se observa é que, para manter o ex-presidente atrás das grades, os ministros lançaram mão de seus poderes individuais, especialmente os vinculados à relatoria do processo e à presidência da Corte, mas também os demais, que são indistintamente distribuídos entre eles, tais como o de proferir decisões monocráticas (Hartmann; Ferreira, 2015) e o de pedir vista, interrompendo um julgamento (Arguelhes; Hartmann, 2017). A manipulação desses instrumentos de poder tem o condão não apenas de influenciar o processo decisório, mas também o jogo político, impactando na relação do Supremo com outros poderes da República e com a opinião pública.

Se a condenação do ex-presidente o impedia de concorrer às eleições presidenciais de 2018, sua prisão inviabilizava qualquer participação no pleito, até mesmo como cabo eleitoral de Fernando Haddad, que o substituiu nas urnas. Nem mesmo a possibilidade de conceder entrevista, inicialmente autorizada pelo ministro Ricardo Lewandowski em setembro de 2018, prosperou. Luiz Fux, então presidente em exercício do STF, atendendo ao pedido do Partido Novo, deferiu uma liminar para suspender a veiculação da referida entrevista, o que foi de imediato referendado pelo presidente Dias Toffoli. Na prática, a condenação de Lula no caso do triplex impôs sua morte civil (ainda que temporária): durante as eleições presidenciais de 2018, ele foi impedido não apenas de concorrer, mas também de se manifestar publicamente – de ser visto ou ouvido.

Lula: a sentença

Um calouro de qualquer bom curso de graduação em Direito provavelmente já aprendeu que um réu deve ser julgado por aquilo que consta dos autos do processo. Ou seja, um juiz pode estar convencido de que o cidadão cometeu um crime, mas, se o Ministério Público não provar a autoria e a materialidade, o representante do Poder Judiciário não pode "fazer o serviço" do promotor, condenando o réu. Deriva do ônus probatório do Ministério Público outro princípio básico a orientar a justiça criminal: a dúvida beneficia o réu. Para ser condenado, portanto, um cidadão deve ser acusado com base em provas suficientemente robustas para que não pairem dúvidas sobre sua culpa. É papel do Ministério Público acusar, assim como o do advogado de defesa é questionar a acusação e argumentar a favor de seu cliente em face do juízo, que, por sua vez e de forma equidistante, decide fundamentadamente a partir do conjunto de provas e argumentos jurídicos apresentados de parte a parte.

Essas regras básicas da justiça criminal demandam que se analise também a tramitação do processo, tomados diversos aspectos a ela vinculados como medida de justiça. Trocando em miúdos, estamos falando das exigências de observação ao princípio do devido processo legal previsto no artigo 5º, LIV da Constituição de 1988. Também conhecido como "princípio do processo justo", é "gênero do qual todos os demais princípios e regras constitucionais são espécie" (NERY JR., 2017, p. 127). Nesse sentido, seria fundamental que ao longo do processo judicial, respeitadas as regras e procedimentos, restasse comprovado que o cidadão Luiz Inácio Lula da Silva, como afirmou a acusação do Ministério Público Federal

(MPF), incorreu em uma conduta ilícita criminosa – no caso concreto, a segundo a qual o ex-presidente teria recebido um apartamento triplex na cidade do Guarujá como retribuição por vantagens indevidas concedidas à empresa OAS em contratos firmados com a Petrobras. Em outras palavras, a identificação entre a conduta de Lula e o crime de corrupção passiva dependia, na verdade, que se comprovasse que o ex-presidente teria aceitado o imóvel em troca da concessão de vantagens para a empresa OAS em contratos firmados com a petroleira.

Mas não é só: a vinculação entre a suposta conduta criminosa do ex-presidente e o "esquema de corrupção" da Petrobras era fundamental para que o processo ficasse em Curitiba, sob a responsabilidade de Moro. O que se viu, no entanto, foi um verdadeiro malabarismo processual do ex-juiz para atrair para si a competência para julgar Lula, inobstante o suposto ato criminoso envolvesse um imóvel (o triplex, no Guarujá) e uma empresa (a Petrobras, com sede no Rio de Janeiro) localizados a centenas de quilômetros da capital paranaense. Foi necessário argumentar que o triplex havia sido recebido em decorrência do esquema criminoso de corrupção na Petrobras que já estava sendo processado na 13ª Vara de Curitiba, sob o comando de Sergio Moro.

O problema é que não existia uma prova robusta de que tenha havido uma conduta específica de Lula para beneficiar a OAS, empresa supostamente envolvida no esquema de corrupção da Petrobras e que teria oferecido o triplex a Lula. Somente isso deveria fulminar qualquer pretensão de condenação criminal por corrupção passiva contra o ex-presidente. Atos de corrupção, pela natureza do crime, envolvem uma espécie de *quid pro quo*, ou seja, deve-se comprovar que o corruptor se beneficiou pelo ato do corrupto, mas o ex-juiz, Sergio Moro, entendeu ser suficiente a

> [...] a demonstração de que as vantagens indevidas foram dadas a alguém dotado de poder para influenciar decisões em prol de quem concedeu as vantagens. No caso de Lula, a presunção foi a de que os benefícios foram concedidos em conexão com o esquema da Petrobras descoberto por investigações policiais, mas que o envolvimento do ex-presidente se limitou à nomeação de funcionários de alto escalão (como o ministro de Minas e Energia ou o CEO da Petrobras), que em troca escolheriam diretores corruptos para a companhia petrolífera; esses diretores, por sua vez, celebrariam contratos superfaturados entre empreiteiras e a Petrobras (Prado; Machado, 2021, p. 14).

A frágil ligação entre o imbróglio que envolvia o triplex e a corrupção na Petrobras ficou ainda mais evidente quando foi questionada pelo Ministério Público de São Paulo. O caso é que um grupo de promotores defendia que o processo fosse enviado para a justiça paulista, pois o mesmo imóvel estaria relacionado à outra acusação de corrupção que envolvia a cooperativa que construiu o prédio – a Cooperativa Habitacional dos Bancários de São Paulo (Bancoop) – e que nada tinha a ver com a Lava Jato ou com a petroleira. Em resumo, os promotores paulistas argumentavam que

> [...] o caso Bancoop [era] absolutamente independente da Operação Lava Jato, com possível desvio de recursos da Petrobras. Não por outra razão já tramita processo

crime perante a 5ª Vara Criminal do Foro Central de São Paulo (Barra Funda) sobre o mesmo assunto. Afirma-se que o repasse de diversos empreendimentos imobiliários da Bancoop para a OAS com a ocorrência de inúmeros crimes de estelionato, falsidades ideológicas e crimes contra incorporação imobiliária é independente da Petrobras. Há de separar-se o "joio do trigo". Em 2009/2010 não se falava de escândalo na Petrobras. Em 2005 quando o casal presidencial, em tese, começou a pagar pela cota-parte do imóvel, não havia qualquer indicação do escândalo do "petróleo". Ao contrário, estávamos no período temporal referente ao escândalo do "mensalão". Não é possível presumir genericamente e sem conhecer detidamente as investigações que tramitam perante a 13ª Vara Criminal Federal de Curitiba que tudo tenha partido de corrupção na estatal envolvendo desvio de recursos federais.[58]

O processo, no entanto, tramitou na 13ª Vara de Curitiba, e o então juiz, Sergio Moro, condenou Lula. A sentença de Moro foi confirmada no TRF4, que lançou mão de um controverso precedente, utilizado no julgamento do Mensalão, para tentar suprir a evidente lacuna probatória. Trata-se da teoria do domínio do fato, que preceitua que um superior hierárquico é responsável pelas ações de seus subordinados e, como tal, ainda que indiretamente não tenha cometido o ato ilícito, pode vir a ser responsabilizado. Essa simplificação da teoria de Claus Roxin foi criticada pelo próprio jurista alemão, que alertava que sua aplicabilidade se

---

[58] Disponível em: <https://bit.ly/3HgUUrR>. Acesso em: 25 jan. 2022.

restringia a relações hierárquicas evidentes. Para ele, o "mero ter que saber não basta [...] e a pessoa que ocupa a posição no topo de uma organização tem também que ter comandado esse fato, emitido uma ordem".[59] Uma complexa construção teórica, no entanto, permitiu aos desembargadores do TRF4 responsabilizar Lula, ainda que se admitisse que o ex-presidente não havia, em particular, comandado atos, razão de uma espécie de domínio funcional que tornava todo o esquema possível. O tribunal também argumentou que Lula contribuiu com o esquema criminoso por agir para evitá-lo – um argumento que já tinha sido usado na decisão de Moro (PRADO; MACHADO, 2021).

Ademais, pela lógica, a comprovação da propriedade do triplex antecede toda e qualquer discussão que se possa estabelecer acerca de suposta troca de favores que o crime de corrupção envolve. A questão é que "visitas ao imóvel, solicitações de realização de obras nele, vontade de adqui-ri-lo manifestada através de e-mails, reserva de bem para futura aquisição, manifestação verbal do real proprietário de destinar o imóvel à determinada pessoa – nada disso transfere uma propriedade imobiliária" (JARDIM, 2017, p. 18). Ou seja, o fato de o ex-presidente ter visitado o imóvel, de que Marisa Letícia tenha gostado do triplex ou de que a OAS tivesse interesse em vender ou doar o apartamento, nada disso transforma a família de Lula em proprietária dele.

Moro, no entanto, agarrou-se, como um náufrago a um bote no oceano, ao depoimento de Léo Pinheiro,

---

[59] Disponível em: <https://bit.ly/3BW7TOI>. Acesso em: 25 jan. 2022.

ex-presidente do grupo OAS, segundo quem as provas de que o ex-presidente era o proprietário do triplex haviam sido destruídas a pedido do próprio Lula. Inobstante a alegação não tenha sido corroborada por qualquer evidência material, o executivo da OAS teve sua pena reduzida pelo TRF4, justamente após a colaboração. Beneficiado por uma significativa redução no tempo de pena – de 10 anos e 8 meses, em regime fechado, para 3 anos e 6 meses, em regime semiaberto –, pode cumpri-la em prisão domiciliar.

Os próprios procuradores da força-tarefa de Curitiba reconheciam, privadamente, que as provas da propriedade do imóvel eram indiretas e, portanto, frágeis (STRECK, 2020). A Alvarez & Marsal, que deu emprego a Sergio Moro em 2020, depois de sua passagem pelo governo Bolsonaro, e que tem como clientes empresas envolvidas na Lava Jato, listava o triplex como sendo de propriedade da OAS, mas a evidência foi ignorada pelo então juiz,[60] que, ao contrário, considerava matéria jornalística como peça "bastante relevante do ponto de vista probatório" (DUARTE; THE INTERCEPT BRASIL, 2020, p. 137). Além de frágil, o material contradiz as alegações do próprio Ministério Público porque indica que o apartamento reservado ao casal Lula da Silva fazia parte da torre B do condomínio – o que, segundo o jocoso tom do *O Globo*, poderia "acabar com parte da alegria de Lula" justamente porque atrapalharia "a vista para o mar do Guarujá" – enquanto o famoso triplex pelo qual Lula foi condenado por Moro integrava o conjunto de apartamentos da torre A do condomínio.

Se na sentença Moro apostou na tese da propriedade do imóvel, no julgamento dos Embargos de Declaração

---

[60] Disponível em: <https://bit.ly/3HiR55B>. Acesso em: 25 jan. 2022.

mitigou o argumento justificando a condenação "porque o valor das obras feitas no apartamento teria sido 'abatido' de um caixa virtual que o [...] Léo Pinheiro afirma ter mantido em nome do PT" (AMARAL; MARTINS, 2017, p. 62). O depoimento, novamente nesse ponto, não restou confirmado por nenhuma das outras 73 testemunhas ouvidas em audiência. Finalmente, em setembro de 2021, depois da soltura de Lula em razão da anulação de suas condenações pelo STF, foi tornada pública uma carta em que Léo Pinheiro recuava de todas as acusações em relação ao ex-presidente, incluindo as que sustentaram a decisão de Sergio Moro que havia resultado na prisão de Lula e o impediria de concorrer às eleições presidenciais de 2018.[61]

Ao todo, em Curitiba, o ex-presidente respondeu a quatro processos criminais – todos anulados, posteriormente, pelo STF, em março de 2021. Outros quatorze processos[62] tramitaram em diferentes varas das justiças Federal e estaduais, mas Lula não foi condenado por nenhum outro juiz de primeira instância que não Sergio Moro, quando este esteve à frente da 13ª Vara de Curitiba. Nenhum dos casos na Justiça em Brasília e em São Paulo – como o "Quadrilhão 1" e "Quadrilhão 2"; a acusação de obstrução da Justiça que envolvia o ex-senador Delcídio Amaral; o pagamento de uma mesada ao seu irmão, Frei Chico, pela Odebrecht; a invasão do triplex por movimentos sociais; o Janus I, que envolvia um sobrinho do ex-presidente; ou o Touchdown, que envolvia

---

[61] Disponível em: <https://bit.ly/3vfrubo>. Acesso em: 14 dez. 2021.

[62] Fonte: <https://bit.ly/35aBGaa>. Acesso em: 25 jan. 2022.

seu filho – resultou em condenação ao ex-presidente[63] (ver Tabela 1).

Tabela 1: Processos contra Lula no âmbito da Lava Jato e de outras operações até 2021

Casos contra Lula	Acusações	Desfecho
1. Triplex do Guarujá	Recebimento de um imóvel como propina.	Condenação anulada pelo STF, voltando ao início o processo. Ministério Público desistiu de recorrer. Caso arquivado.
2. Sítio de Atibaia	Benefício indevido em razão de reformas realizadas em um sítio com dinheiro de propina.	Condenação anulada pelo STF, voltando ao início do processo. Prescrição e necessidade de retirar provas invalidadas.

---

[63] Segundo o site do Instituto Lula, o ex-presidente foi vitorioso em 22 ações na Justiça. São elas: Caso Tríplex do Guarujá, Caso Sítio de Atibaia, Tentativa de reabrir o Caso Sítio de Atibaia, Caso do Terreno do Instituto Lula, Caso das Doações para o Instituto Lula, Caso do Quadrilhão do PT, Caso Quadrilhão do PT II, Caso Delcídio (obstrução de Justiça), Caso das Palestras do Lula, Caso da Lei de Segurança Nacional, Caso do filho de Lula (Touchdown), Caso do irmão de Lula, Caso do sobrinho de Lula, Caso Invasão do Tríplex, Caso *Carta Capital*, Caso da MP 471, Caso da Guiné, Caso BNDES Angola, Caso Costa Rica Leo Pinheiro, Segunda tentativa de reabrir o Caso Sítio de Atibaia, Caso da sonegação de impostos sobre imóveis alheios, Caso dos filhos de Lula. Disponível em: <https://bit.ly/33NJMVL>. Acesso em 18 fev. 2022.

3. Instituto Lula	(3.1) Compra de um terreno que serviria de sede para o Instituto e de um imóvel vizinho ao que residia; (3.1) Irregularidades de doação recebida pelo Instituto Lula.	Suspenso o andamento das ações em caráter liminar pelo ministro Ricardo Lewandowski.
4. Propina da Odebrecht	Recebimento de propina em forma de doação eleitoral.	Juiz decidiu trancar a ação e o Ministério Público anunciou que não recorreria.
5. Medida Provisória do Setor Automotivo	Representantes do setor teriam prometido pagamentos a políticos em troca da edição de Medida Provisória favorável.	Lula foi absolvido por falta de provas.
6. Tráfico de influência em Angola	Tráfico de influência em Angola para beneficiar construtora brasileira.	Processo trancado em segunda instância. O Ministério Público desistiu de recorrer.
7. Operação Zelotes	Tráfico de influência para a compra caças suecos.	Tramitação suspensa pelo ministro Lewandowski do STF.

Fontes:<https://bit.ly/3t9CEf7>;<https://bit.ly/351e3kC>.<https://bit.ly/3t9CEf7>; <https://bit.ly/351e3kC>.

A remanescente ação penal, que tramitava contra o ex-presidente Lula na esteira da Lava Jato, foi suspensa pelo ministro Lewandowski, em decisão de março de 2022, o que não chega a causar surpresa nem mesmo para os integrantes da força-tarefa de Curitiba. As denúncias de tráfico de influência, lavagem de dinheiro e organização criminosa na compra de caças Gripen para a Aeronáutica brasileira constavam de peça acusatória bastante frágil, como admite um dos integrantes da força-tarefa, provavelmente o procurador Orlando Martello, em conversa vazada e tornada pública no âmbito da Operação Spoofing.[64] Nessa linha, o ministro do STF justificou sua decisão argumentando que a força-tarefa de Curitiba produziu "elementos – supostamente – probatórios, depois aproveitados, de forma acrítica e tendenciosa" pelos procuradores na 10ª Vara Federal Criminal do Distrito Federal.[65]

Com isso se encerram todos os processos que tramitavam contra o ex-presidente na justiça brasileira vinculados à Operação Lava Jato, fazendo água na estratégia

---

[64] O procurador da República teria escrito, em 21 de setembro de 2016, a seguinte mensagem para seus colegas: "12:56:41 – Orlando SP Sobre os caças. Nada de anormal na escolha. Tinha escolha normal, mas dentro da Aeronáutica a questão foi vista mais como uma opção política, justificável em razão de transferência de tecnologia. Não correu boato sobre a escolha. Houve um *upgrade* no equipamento, depois de fechado o contrato, no valor aproximado de 1 bi. O detalhe é que uma empresa brasileira do RS foi contratada para auxiliar na implementação dos programas, transferência de tecnologia etc., mas o boato aí é que tinha favorecimento para filho de brigadeiro. A questão, entretanto, foi investigada pelo MP[F] e arquivaram a questão" (disponível em: <https://bit.ly/3t9CEf7>. Acesso em: 27 dez. 2021).

[65] Disponível em: <https://bit.ly/3wyMjzb>. Acesso em: 7 mar. 2022

de processá-lo simultaneamente a partir de diferentes acusações e em vários juízos Brasil afora para criar a sensação de que "alguém com tantas acusações deve ser culpado de alguma coisa".

Lula: o trâmite do processo

Os atores do sistema de justiça são independentes, mas não são neutros. Como qualquer cidadão, possuem preferências políticas, visão de mundo, valores etc. que atravessam o processo decisório judicial. O ordenamento jurídico é, sem dúvida, um guia fundamental para os operadores do direito (advogados, promotores, defensores, magistrados etc.), mas o processo decisório judicial, que envolve a interpretação e a aplicação da lei e da jurisprudência, contém expressiva margem de discricionariedade (Lotta; Santiago, 2017; Kerche, 2018a). Os magistrados não atuam no vazio: elementos extrajurídicos (políticos, sociais, econômicos, culturais) influenciam suas escolhas.

É possível supor, portanto, que juízes irão decidir os casos que lhes são apresentados considerando suas próprias preferências (Segal; Cover, 1989; Segal; Spaeth, 2002), isto é, que os magistrados possuem predileções políticas ou atitudes pré-existentes que são ativadas pelos estímulos dos casos que estão julgando (Hammond; Bonneau; Sheehan, 2005) e que tais preferências importam na escolha que realizam acerca de um dos resultados jurídicos possíveis para a contenda. Contudo, juízes nem sempre estão em condições de decidir de "forma sincera", optando por aquilo que eles acreditam ser o correto, o que corresponde perfeitamente às suas preferências. É razoável esperar que, dado o contexto institucional, o magistrado adote um comportamento estratégico que o afaste de sua escolha mais sincera. Isso porque, à parte de suas convicções morais e de suas afinidades políticas, ao decidir, os magistrados vão ponderar sobre as possíveis consequências de suas decisões e, ainda, as virtuais reações de outros atores relevantes. Espera-se, portanto, que os juízes optem, com alguma frequência, por deliberações que não correspondam a suas preferências sinceras, especialmente naqueles casos em que perceberem que uma decisão daquele tipo poderia ser desobedecida ou viria a ocasionar consequências indesejáveis por meio da reação de outros atores (EPSTEIN; KNIGHT, 1997; MALTZMAN; SPRIGGS II; WAHLBECK, 2000). Quer dizer: embora possuam objetivos e busquem satisfazê-los, os juízes são dependentes da sua capacidade de antecipar as preferências de outros atores relevantes no processo decisório (seus colegas de tribunal, por exemplo) e, em resposta a isso, tomar a decisão que lhes garanta a maior satisfação possível em face de seus objetivos.

Já tivemos oportunidade de demonstrar como o sistema de justiça passou por mudanças institucionais que ocasionaram um enorme grau de autonomia e discricionariedade aos policiais, procuradores e juízes. Isso assegurou um relevante "espaço de atuação" ao núcleo de Curitiba e um "manejo do *timing*" do processo que permitiu que a Lava Jato atuasse no sentido de "atingir essencialmente os integrantes do sistema político" (RODRIGUES, 2020, p. 243)[66] e, em relação ao ex-presidente Lula, evitasse "a

---

[66] As informações e parte das interpretações desta subseção foram baseadas no excelente livro de RODRIGUES, 2020. Citaremos no corpo de texto somente as transcrições literais. Adaptado de sua dissertação de mestrado no Departamento de Ciência Política da

imunidade penal decorrente de uma eventual vitória na eleição para a presidência da República" (Rodrigues, 2020, p. 245). É importante notar que a expressão das preferências sinceras dos atores do sistema de justiça não está contida apenas nas sentenças de mérito – condenatórias ou absolvitórias. A condução do processo como um todo implica uma miríade de decisões (escolhas) dos agentes. Por isso, tão importante quanto observar as sentenças e acórdãos é analisar as estratégias de condução do processo, o que envolve, entre outras táticas, a gestão do tempo. Trata-se de uma importante medida de justiça. Quer dizer, uma sentença que tarde demasiado (ou que seja precipitada) contém, certamente, elementos de injustiça.

A condenação de Lula veio a galope! O "célere" julgamento do caso do triplex foi realizado em um intervalo de 301 dias na primeira instância. Para que se tenha uma ideia, foram realizadas 25 audiências concentradas em apenas 169 dias. Contudo, a tramitação incomum do processo do ex-presidente não se justifica, como se poderia supor, por um fundamentado receio de impunidade em face de uma iminente prescrição. O prazo prescricional dava ao julgador tranquilidade para prosseguir pelo menos até 20 de setembro de 2018 – dois anos depois de iniciado o processo. O que realmente pressionava o juízo era o calendário eleitoral. Apenas uma condenação, confirmada pelo TRF4, tiraria Lula da disputa às eleições presidenciais, segundo a Lei da Ficha Limpa. Supondo

---

Universidade de São Paulo (USP), a juíza federal traz na obra uma instigante análise e vários dados sobre o papel do Poder Judiciário na Lava Jato. Para os interessados em detalhes, sugerimos a leitura de *Lava Jato: aprendizado institucional e ação estratégica na Justiça*.

que essa fosse uma preocupação de Moro, era preciso que, na primeira instância, a sentença viesse o quanto antes para que a dinâmica de recursos não se interpusesse como uma barreira intransponível entre a toga e as urnas.

Apenas para que se tenha uma base de comparação, mesmo no âmbito da Lava Jato somente quatro ações penais, sem réus presos, foram mais céleres que a do ex-presidente. Todas se relacionavam com as acusações da força-tarefa contra Lula e seguiam um padrão já conhecido de atuação da Lava Jato, em que a gestão do tempo se tornou mais um instrumento na tática para transformar, com o benefício de redução da pena, acusados em delatores. Vale dizer, pela centralidade que ocupa o seu depoimento, que a ação de Léo Pinheiro é uma das que tramitou mais celeremente do que a de Lula. Rodrigues (2020, p. 251) detalha a "aparente sincronização" das condenações do empresário da OAS que serviram de incentivo para a delação em relação ao ex-presidente. Entre avanços, atrasos e mudanças de posicionamento de Sergio Moro em relação à necessidade de prisão preventiva, "a gestão temporal dos casos envolvendo Léo Pinheiro foi especialmente relevante para obter a delação do empresário, utilizada para fundamentar a condenação de Lula".

O TRF4 também deixou rastros de um tratamento excepcional dispensado ao ex-presidente. Basta que se considere que o desembargador relator elaborou voto e relatório em 56 dias úteis, o que implicaria na leitura de aproximadamente 4.464 páginas dos autos por dia útil. Supondo que trabalhasse 12 horas por dia, ele teria que ler aproximadamente 372 páginas por hora, de forma ininterrupta. Sem pausa nem para o cafezinho! Também o desembargador revisor foi expedito, liberando o feito para julgamento em apenas 7 dias úteis. O processo foi pautado para a sessão imediatamente subsequente, e, como se sabe, a sentença foi mantida na íntegra, com majoração da pena (SERRANO; BONFIM, 2020).

Não há paralelo para a forma de processamento da ação contra o ex-presidente que envolvia o triplex no Guarujá. Em primeiro lugar, porque os parâmetros para acelerar o processo de Lula foram ocultados. O argumento de que os desembargadores do TRF4 são normalmente ágeis e simplesmente seguiam recomendações do Conselho Nacional de Justiça (CNJ) não resiste ao mais elementar escrutínio sobre os dados de produção do tribunal. A legislação também não oferece socorro à manobra para "furar a fila" de recursos que aguardavam julgamento, já que o caso não corria risco de prescrever. Por fim, merece destaque – e considerações um pouco mais alongadas – o tratamento atípico dispensado ao ex-presidente Lula no que concerne ao *habeas corpus* deferido pelo desembargador (de plantão) do TRF4, Rogério Favreto.

Em 8 de julho de 2018, um domingo, o Brasil acompanhou a novelesca disputa em torno da libertação de Lula, que se encontrava preso desde abril daquele ano por determinação de Sergio Moro. O desembargador Rogério Favreto, acolhendo o pedido dos deputados Wadih Damous, Paulo Pimenta e Paulo Teixeira, todos do PT, ordenou a soltura do ex-presidente. Tudo indica que os parlamentares escolheram o plantão daquele desembargador por entenderem que ele seria mais simpático aos argumentos apresentados, aumentando as chances de sucesso de seu pleito. Os parlamentares contestavam as decisões do ex-juiz Sergio Moro relacionadas ao local do cumprimento da pena e ao veto de comunicação de Lula com a imprensa, alegando, afinal, a inexistência de fundamentação para a manutenção da prisão do ex-presidente.

O uso estratégico dos tribunais é relativamente comum e bastante bem documentado pela literatura acadêmica: a chamada *legal mobilization agenda* (Mccann, 1994; Lehoucq; Taylor, 2020). Parte dos estudos explora, justamente, o papel do direito e dos tribunais na "micropolítica das disputas individuais" e na vida cotidiana dos cidadãos. Talvez este seja o caso aqui. O que se quer ressaltar é que se o uso estratégico do direito e dos tribunais é lugar comum para os advogados (privados ou de associações civis), o mesmo não deveria valer para os magistrados. Esses não representam, *a priori*, nenhum interesse em presença – nem da acusação, nem da defesa. Eis aí o cerne da exigência de uma atuação imparcial.

No entanto, Sergio Moro, desembargadores do TRF4, a presidente do Supremo Tribunal Federal (STF), Carmen Lúcia,[67] e o delegado da sede da Polícia Federal em Curitiba não se constrangeram em lançar mão de mecanismos controversos para evitar o cumprimento da decisão do desembargador gaúcho. O que justificou tamanho esforço de retenção de Lula, considerando a alta probabilidade de que ela fosse revertida em menos de 48 horas, não era qualquer temor de fuga do ex-presidente, mas do impacto eleitoral de sua (breve) presença. De fato, PT nutria a expectativa de que, uma vez solto, Lula pudesse falar com a imprensa e gravar peças pu-

---

[67] Disponível em: <https://bit.ly/3vffoPt>. Acesso em: 25 jan. 2022.

blicitárias para a campanha eleitoral, apresentando seu apoio a Fernando Haddad, candidato à presidência da República pelo partido. Eis o que, verdadeiramente, se queria impedir.

E foi assim que o delegado da Polícia Federal procrastinou diante da ordem de soltura emitida pelo desembargador Rogério Favreto, em um movimento atípico e de difícil justificação do ponto de vista legal. Outro aspecto controverso, e ainda mais central, remete à interferência de Moro no imbróglio – em primeiro lugar porque, àquela altura, o juízo competente era o da execução, e não mais a Vara que o ex-juiz presidia à época e a partir da qual condenou Lula; em segundo lugar porque Moro se encontrava de férias no exterior. Foi de lá que ele operou, indevidamente, para barrar a soltura de Lula. Por fim, a heterodoxa dinâmica interna ao TRF4, deflagrada pela ordem de soltura do desembargador Favreto, causa, também, espécie. Gebran Neto, um dos desembargadores que haviam participado do julgamento do ex-presidente, proferiu uma decisão contrariando seu colega – mesmo que não estivesse de plantão naquele domingo. De forma ainda mais surpreende, do ponto de vista dos regulamentos e da própria jurisprudência do tribunal, o presidente do TRF4 arbitrou em favor da "contradecisão", e o Brasil assistiu a tudo isso perplexo, com direito a plantão quase permanente do principal canal de notícias do país.

Em resumo: o "caso Lula", ao que tudo indica, tanto pelas manobras processuais quanto pela criativa aplicação da legislação em vigor, foi único. Os níveis cavalares de autonomia e discricionariedade dos atores do sistema de justiça resultaram em uma atuação da Lava Jato que se construiu às margens do modelo acusatório da justiça criminal. A toda evidência, organizou-se a partir de Curitiba uma ação orquestrada não apenas contra o ex-presidente Lula, mas em desapreço completo pelo Estado Democrático de Direito no Brasil. A revisão desses ataques ao próprio processo democrático – realizada, em parte, graças a um fator extrainstitucional, o *hacker* de Araraquara – tardou a ponto de comprometer o processo eleitoral de 2018, do qual Jair Messias Bolsonaro saiu vitorioso.

Capítulo 6

A quase unanimidade da Lava Jato na imprensa e a opinião pública

Foi um massacre. A imprensa no Brasil, durante anos, reportou e interpretou cotidianamente as denúncias levantadas pela Operação Lava Jato. Os brasileiros acompanharam uma avalanche de notícias nada abonadoras sobre políticos e empresários, especialmente os primeiros, e em particular os petistas. Entre os três jornais de maior circulação no Brasil (*Folha de S.Paulo*, *O Estado de S. Paulo* e *O Globo*), de meados 2014 a 2017, foram escritos 7.820 textos negativos em relação aos denunciados e investigados pela operação – mais de um quarto de todas as matérias publicadas sobre política –, perfazendo uma média diária de quase dois textos por veículo (FERES JR.; BARBARELA; BACHINI, 2018, p. 216). Para se ter uma ideia da agressividade da imprensa, especificamente em relação a Lula, "em março de 2016 os três grandes jornais publicaram 114 textos 'de opinião' contrários, 23 neutros e apenas nove que podem ser considerados favoráveis ao ex-presidente. Um ano depois, em maio de 2017, dos textos assinados [...], 76 massacravam Lula, doze eram neutros e apenas um podia ser lido como favorável. Em abril de 2018 [...], 97 eram contra Lula, 37 neutros e onze favoráveis" (MORAIS, 2021, p. 403-404).

As revistas semanais – *Veja*, *Época*, *Istoé* e, com uma postura diversa, a *Carta Capital* – também realizaram uma ampla cobertura. Entre 2014 e 2016, 40,3% das 186 edições analisadas por Baptista e Telles (2018) estampavam em suas capas algum aspecto relacionado com a Lava Jato. Apenas o ex-presidente Lula ocupou um quarto de todas as capas da *Veja* nos últimos anos, além de ser objeto de reportagens nada lisonjeiras em outras 48 edições, embora sem chamada de capa (MORAIS, 2021). De abril de 2014 a abril de 2021, das 357 edições da revista, Lula foi capa 87 vezes: em 82 oportunidades, houve um enquadramento francamente negativo; outras cinco capas podem ser consideradas neutras e somente uma vez a imagem do ex-presidente foi associada a um conteúdo positivo. Mas o mais importante semanário do país foi ainda mais longe na escalada sensacionalista de seu jornalismo: às vésperas da eleição presidencial de 2014, a *Veja* distribuiu em todo o Brasil apenas a capa – tal qual um panfleto, sem o miolo da revista – com uma foto de Lula e Dilma ladeada pela chamada de que "eles sabiam de tudo", indicando que os ex-presidentes eram, no mínimo, cúmplices do esquema investigado pela Lava Jato na Petrobras.

Em uma análise somente das manchetes sobre a Lava Jato, incluindo o *Jornal Nacional*, o telejornal de maior audiência da TV brasileira, verificou-se que os nomes mais citados, e de forma raramente lisonjeira, foram os de Dilma Rousseff e Lula, independentemente de acusações formais na justiça contra ambos (Feres Jr.; Barbarela; Bachini, 2018). Entre 2014 e 2021, Lula enfrentou 705 menções negativas em face de outras 403 citações neutras e somente 21 que podem ser consideradas positivas. No total, foram mais de 45 horas (163.529 segundos) exibindo reportagens negativas sobre o ex-presidente confrontadas com menos de uma hora (3.374 segundos) de matérias positivas (Morais, 2021). Denúncias e investigações em andamento transformavam-se, de forma quase automática, em comprovados malfeitos do governo federal durante as administrações petistas, sendo julgadas pela opinião pública sem as necessárias garantias processuais.

O *timing* da cobertura da imprensa é outro elemento importante para que se possa compreender o papel que ela exerceu na conformação e sustentação da Lava Jato e de suas decorrências econômicas e sociopolíticas. Após o afastamento de Dilma Rousseff, a imprensa, claramente, reduziu o ritmo e o sentido da cobertura: a Lava Jato perdeu espaço na cobertura diária, como se a saída da presidente representasse o fim da corrupção no país. A carga, contudo, voltou com uma enorme força em maio de 2017, ainda durante a presidência de Michel Temer, no momento em que o país vivia a crise gerada pela divulgação de um áudio em que o então presidente Temer e o empresário Joesley Batista, da JBS – a gigante do setor de proteína animal – negociavam a compra do silêncio do ex-presidente da Câmara dos Deputados, Eduardo Cunha. O artífice do *impeachment* de Dilma Rousseff receberia dinheiro de Joesley para omitir informações sobre as manobras realizadas por Temer (PMDB, atual MDB – Movimento Democrático

Brasileiro) e outros integrantes da oposição à petista para o afastamento prematuro da presidenta. A virtual obstrução de justiça do então presidente da República foi o motor do novo pico de matérias envolvendo escândalos de corrupção, mas a tendência de retração da cobertura midiática à Lava Jato voltou a se estabelecer (FERES JR.; BARBARELA; BACHINI, 2018).

O viés da cobertura da imprensa pode ainda ser percebido na comparação entre o tratamento dispensado aos políticos e aos agentes judiciais envolvidos na Lava Jato. O tom francamente laudatório das matérias que traziam o ex-juiz Sergio Moro ou os procuradores do núcleo de Curitiba para o primeiro plano oscila, no máximo, em direção à condescendência quando se trata de questões altamente polêmicas. No caso do vazamento à imprensa, autorizado por Sergio Moro, do conteúdo de uma conversa entre a presidente da República e o ex-presidente Lula, obtido por meio de grampo telefônico de legalidade questionável, ou em relação à entrevista coletiva em que procuradores da República acusavam Lula de ser o chefe de uma quadrilha de criminosos, lançando mão de uma apresentação de *power point* risível, a imprensa manteve-se impassível, indulgente mesmo, com relação à Lava Jato. Quase não havia quem criticasse, naquele momento, a operação, com exceção de alguns *blogs* de esquerda e de um quase solitário Reinaldo Azevedo se considerarmos a *grande mídia* – o que chega a ser insólito, porque se trata justamente do jornalista que ficou conhecido por ter cunhado o termo "petralhas" para se se referir aos membros do PT de forma pejorativa. Os políticos eleitos eram, sem dúvida, o alvo preferencial dos ataques da imprensa, enquanto os insulados integrantes do sistema de justiça brasileiro eram retratados como verdadeiros heróis nacionais.

Por fim, é preciso que se registre que não há precedente comparável ao esforço de cobertura da imprensa à Lava Jato. Nunca antes, na história do país, um escândalo de corrupção foi objeto de atenção midiática por um período tão longo de tempo ou alcançou tanta projeção. Sequer a cobertura do Mensalão, que teve um enorme destaque em 2005 e 2006, voltando a ser tema central da mídia no ano em que ocorreu o julgamento no Supremo Tribunal Federal (STF), em 2012, pode ser comparada ao tratamento dispensado à Lava Jato (Feres Jr.; Barbarela; Bachini, 2018).

Cabe espaço, entretanto, para diferentes interpretações sobre como se deu a relação entre a mídia, os atores políticos e os integrantes do sistema de justiça na Lava Jato. A mídia tem, de fato, um relevante papel na definição da agenda pública, influenciando a percepção dos cidadãos acerca de determinadas questões (Mccombs, 2009). E isso é ainda mais verdadeiro quando se trata de eventos dramáticos que não acessamos diretamente através de nossa própria experiência (Soroka, 2002), como os escândalos de corrupção. Se a cobertura da mídia acerca dos casos de corrupção se amplia, tende a aumentar, também, a percepção da corrupção como um problema público.

Para que um caso de corrupção se transforme em um escândalo político capaz de colocar em risco a sobrevivência de um governo, contudo, a ampla cobertura da mídia é uma condição necessária, embora não seja suficiente (Damgaard, 2018). Ou seja, todos os *impeachments* tiveram uma intensa participação da mídia, mas nem todos os escândalos cobertos pela mídia derrubaram governos. Na verdade, relativamente poucas denúncias de corrupção realizadas via imprensa conseguem extrapolar as páginas dos jornais a ponto de mobilizar políticos e sociedade. A denúncia da compra de votos no Congresso para a aprovação da reeleição durante o governo Fernando Henrique Cardoso, o Mensalão durante o primeiro mandato presidencial do PT ou os áudios vazados no governo Temer por Joesley Batista fizeram muito barulho, mas não resultaram na antecipação do fim dos respectivos mandatos. Aliás, nos dois primeiros casos, as denúncias não impediram sequer as reeleições de Fernando Henrique Cardoso e de Luiz Inácio Lula da Silva. Na mesma linha, pode-se dizer também que Bolsonaro tem sido muito criticado pela imprensa nacional, que divulga cotidianamente uma lista interminável de crimes de responsabilidade, mas um *impeachment* do atual presidente nunca entrou, para valer, na ordem do dia.

Isso porque escândalos, incluindo os de corrupção, por si só não derrubam governos, argumenta Pérez-Liñán (2007). Os escândalos cobertos pela mídia devem ser capazes de induzir movimentos populares consistentes, por meio de grandes e sistemáticas manifestações de rua, o suficiente para exercer pressão sobre os políticos e gerar um processo de *impeachment* – caso contrário, não terão força para provocar o fim prematuro de um governo. É com a mobilização dos cidadãos que políticos percebem os custos de manter o apoio a um governo ameaçado. A consequência das manifestações de rua é que há um impacto sobre o "escudo parlamentar" do presidente no Congresso, fazendo com que sua base de apoio no parlamento encolha. Segundo esse raciocínio, a mídia opera na conformação da agenda pública, induzindo a percepção da corrupção como um problema público, mas não controla o resultado. Não há uma única e inequívoca explicação do porquê de alguns escândalos mobilizarem os cidadãos e outros, não.

Por outro lado, há diferentes explicações para as motivações que levam a mídia a se empenhar na cobertura de escândalos políticos, especialmente os de corrupção. Para alguns, a imprensa cobre escândalos de corrupção porque – assim no caso dos sexuais, por exemplo – isso aumenta o número de visualizações na internet, reforça a tiragem de jornais e revistas e faz crescer a audiência da TV (THOMPSON, 2000). A mídia se concentra em questões que podem assumir um caráter sensacionalista com o único objetivo de auferir lucro, independentemente do partido que esteja no poder: mais audiência gera um maior interesse por parte dos anunciantes, ou seja, a corrupção que envolve políticos vende jornal e espaço publicitário.

Nessa perspectiva de uma mídia acima dos interesses partidários, que cobre os fatos em decorrência de uma lógica funcional e não partidária ou seletiva, há aqueles que destacam que a atuação da imprensa se dá em nome do interesse público, desempenhando um papel meramente informativo, neutro, que possibilita um maior controle social sobre a atividade política. A imprensa, portanto, age como um "cão de guarda" (SCHULTZ, 1998), atacando os governos e protegendo os cidadãos independentemente de posições políticas ou partidárias.

Mas há também quem se empenhe em demonstrar que a cobertura da mídia não é neutra, pelo contrário (GIGLIOLI, 1996; THOMSON, 2000; NEWELL; GARRARD,

2006; Biroli; Miguel, 2012). O destaque dado na cobertura é altamente discricionário, baseado em certos padrões de moralidade pública, em estratégias interessadas em si mesmas ou na validação de discursos hegemônicos. Teve destaque entre a militância de esquerda aqueles que viam a imprensa brasileira, especialmente em relação à cobertura dada ao governo Dilma Rousseff, atuando como um substituto dos partidos políticos, defendendo um modelo de país de cunho neoliberal, compartilhando valores conservadores e atuando contra o PT. Os veículos da chamada imprensa corporativa seriam membros do "PIG, o Partido da Imprensa Golpista", expressão criada pelo jornalista Paulo Henrique Amorim.

Seja qual for a motivação, embora acreditemos que a reposta esteja mais próxima da não neutralidade do que uma imprensa somente interessada no "interesse público", o fato é que a disseminação dos escândalos de corrupção pela mídia, embora possa ou não mobilizar as ruas, afeta líderes políticos específicos e pode induzir um amplo questionamento acerca das próprias instituições políticas democráticas, colaborando para crises políticas. Sergio Moro, Dallagnol e seus colegas indicavam saber da importância da mídia para sustentar suas atuações, muitas vezes, à margem dos procedimentos judiciais. Sabe-se com certeza hoje o que muitos desconfiavam à época: os principais atores do sistema de justiça ligados à Lava Jato estabeleceram relações de proximidade com a grande imprensa em geral e com alguns jornalistas em particular. Assim como já aconteceu em outros países, a mídia, que sempre é crítica em relação ao mau funcionamento da justiça, alia-se com o sistema judicial contra a política (Garapon, 1999). O que se viu foi uma espécie de relação "mutualista" em que os principais veículos teriam se unido aos atores do sistema de justiça, numa parceria em que "ambos se empoderam" (Feres Jr.; Barbarela; Bachini, 2018, p. 216). Os integrantes da Lava Jato sabiam que a capacidade de fazer com que as decisões judiciais fossem cumpridas dependia fundamentalmente do apoio difuso da opinião pública (Clark, 2011). Essa lição veio, por exemplo, da Mãos Limpas italiana, como escreveu o próprio Sergio Moro (2004), e é prática conhecida de magistrados que querem fugir das amarras do devido processo legal, numa espécie de populismo judicial em que se busca o apoio da opinião pública sem a mediação institucional (Garapon, 1999).

No âmbito da Lava Jato, as táticas mobilizadas para angariar simpatia do público se davam, inclusive, no varejo, dificultando qualquer possibilidade de um "equilíbrio de armas" entre a acusação e a defesa. A relação entre jornalistas individualmente e a força-tarefa de Curitiba muito vezes flertava com a ilegalidade. Talvez um bom exemplo para ilustrar tudo isso seja o fato de que, "após levantar o sigilo dos autos de um processo, Sergio Moro segurou a divulgação da chave numérica para permitir que os procuradores a fornecessem primeiro a repórteres de sua escolha, que assim teriam acesso à informação antes de outros veículos".[68] A seletividade que esse comportamento evidencia coloca em xeque os valores da transparência e do interesse público, os quais o juiz e os procuradores da operação usavam como escudos para justificar os sistemáticos acessos da imprensa aos

---

[68] Fonte: <https://bit.ly/3vfsBb4>. Acesso em: 25 jan. 2022.

depoimentos e indícios colhidos durante as investigações. Era de interesse dos atores do sistema de justiça manter uma estreita relação com os jornalistas, utilizando-se da mídia para a ampliação de suas posições institucionais (Avritzer; Marona, 2017). Como assevera Limongi (2020, p. XX), "[o]s membros da força-tarefa ditaram os termos do reconhecimento à Operação", e, para isso, valiam estratégias que iam muito além do compromisso com a busca da justiça.

O fato é que esse massacre midiático contribuiu para o (mau) humor da opinião pública em face dos partidos e políticos tradicionais. A Lava Jato contava com o apoio popular, conseguia quase que calar as vozes que denunciavam que a operação não observava o devido processo legal e constrangiam ministros do STF e a Procuradoria-Geral da República que se transformaram, no mínimo, em cúmplices de juízes e procuradores da primeira instância da Justiça Federal. Durante os anos do auge da operação, Curitiba tornou-se mais importante que Brasília. A corrupção transformou-se no mais urgente e grave problema do país, jogando para o segundo plano a saúde, a educação e a segurança, e serviu para criminalizar a política, senão de forma definitiva, o suficiente para alimentar a crise na qual o Brasil tem se envolvido desde então.

A opinião pública, as manifestações de rua e a derrota do PT e dos partidos tradicionais

A lição de que o apoio da opinião pública era fundamental para levar adiante a cruzada contra os políticos foi aprendida, como o próprio Sergio Moro (2004) afirmou, da experiência italiana da Operação Mãos Limpas. Os magistrados da Itália "fizeram uso estratégico de suas habilidades para tornar públicas informações sobre acusações criminais, às vezes vazando, ilegalmente, a história para um jornalista aliado. Essa oferta não era uma oportunidade para aumentar apenas o prestígio, mas também possíveis vantagens para as investigações que eles estavam conduzindo" (Nelken, 1996, p. 101). Na Itália, os "jornalistas eram 'usados' pelos magistrados para levantar apoio para sua investigação" (Sberna; Vannucci, 2013, p. 576-577). É possível dizer algo parecido sobre o caso brasileiro.

Sergio Moro, a maior estrela da Lava Jato, gozava, ele próprio, de grande popularidade, tanto quando ainda estava à frente da 13ª Vara de Curitiba como enquanto foi ministro do governo Bolsonaro. Figura constante na mídia, via-se fotos dele ao lado da esposa, atendendo a eventos "glamorosos", inclusive nas colunas sociais. De fato, o ex-juiz teve uma exposição expressiva nos últimos anos: seu nome passou a ser incluído em diferentes pesquisas de opinião sobre as eleições presidenciais de 2018. Os brasileiros respondiam às estratégias midiáticas do ex-juiz: quando perguntados sobre um hipotético segundo turno em que rivalizassem Sergio Moro e o ex-presidente Lula, o país ficava dividido. Em uma pesquisa de abril de 2017, segundo o Instituto Datafolha, Moro aparecia com 42% das intenções de voto, seguido por Lula, com 40%. O cenário se manteve sem muita alteração naquele ano: em julho, Moro estava com 44%, e Lula, com 42%. Em setembro, Lula aparecia com 44%, e Moro, com 42%.

Em novembro de 2015 e fevereiro de 2016, em duas rodadas de uma pesquisa do Datafolha que buscava estabelecer um *ranking* de confiabilidade envolvendo doze personalidades, Sergio Moro apareceu com uma nota de 4,7, na mesma faixa de políticos como Aécio Neves, Fernando Henrique Cardoso, José Serra, Lula, Geraldo Alckmin. O ex-juiz estava posicionado, ainda, em uma faixa superior a Temer, Dilma, Renan Calheiros e Eduardo Cunha, com notas inferiores às de Marina Silva e do "carrasco" do Partido dos Trabalhadores (PT) no Mensalão – Joaquim Barbosa, ex-ministro do STF. Em janeiro de 2020, em nova uma rodada da mesma pesquisa, Moro se tornou a personalidade com a maior nota (5,9), batendo o apresentador de TV Luciano Huck, o senador Davi Alcolumbre, passando por Lula, Jair Bolsonaro, Ciro Gomes, João Doria e outros políticos tradicionais. Moro foi também o ministro mais popular do governo Bolsonaro enquanto esteve à frente do Ministério da Justiça e da Segurança Pública, embora tenha diminuído no conceito ótimo e bom ao longo de 2019: em abril, tinha 63% de aprovação; em julho, 55%; em agosto, 54%; e, em dezembro, 53%.

A popularidade de Moro refletia a aprovação popular da Lava Jato e o sucesso da estratégia que, à moda italiana, os agentes judiciais assumiam na sua relação com a mídia. Por aqui, o abastecimento dos veículos de imprensa com informações foi largamente utilizado, havendo "uma interação bastante próxima das instituições de justiça com as mídias e a opinião pública, em uma clara estratégia de legitimação dos agentes judiciais" (ALMEIDA, 2016, p. 76). Como vimos, a relação que se estabelecia também "no varejo", entre jornalistas selecionados pelos procuradores de Curitiba, pode ser classificada como "jornalismo de acesso", em que "jornalistas sacrificam sua independência e abandonam o senso crítico em troca de acesso a fontes, que passam a ser tratadas com simpatia e benevolência" (SERRA, 2021). Várias provas desse padrão de relação entre mídia e atores judiciais vieram a público depois da revelação de um extenso conjunto, divulgado em 2020 e 2021, de mensagens trocadas entre os procuradores da Lava Jato e o ex-juiz Sergio Moro. Disso iremos tratar adiante.

Por ora, interessa observar que a cobertura incessante da mídia sobre a Lava Jato teve impacto na opinião pública.[69] A corrupção, que desde o governo Fernando Henrique Cardoso, passando por Lula (e o Mensalão), o primeiro mandato de Dilma Rousseff e as manifestações de 2013, nunca havia sido apontada como o principal problema do país, pelos menos não nas pesquisas de opinião do Instituto Datafolha. Entretanto, passou a ser considerada a preocupação número 1 do público durante todo o segundo mandato de Dilma. Manteve-se, como inquietação dos brasileiros, em patamares bastante elevados também durante o breve período de Temer na presidência da República. Em um trabalho sobre a popularidade da então presidenta Dilma Rousseff, Veiga, Dutt-Ross e Martins (2019, p. 20) identificam que "[A]pós o crescimento da taxa de insatisfação com a presidente nos primeiros meses de 2015, de março a agosto, a percepção da corrupção como um dos três principais problemas passa a ter efeito negativo na adesão ao governo".

---

[69] Os dados foram retirados de pesquisas realizadas pelo Instituto Datafolha. Todas estão disponíveis em: <https://datafolha.folha. uol.com.br>.

É importante observar que, nas mais de trinta pesquisas de opinião realizadas pelo Instituto Datafolha entre junho de 2006 e novembro de 2010, quando perguntado "qual é o principal problema do país", o brasileiro jamais apontou a corrupção como algo que o preocupasse mais do que a saúde ou a violência, por exemplo. Foi a partir da pesquisa de fevereiro de 2015 – e durante as outras três realizadas ao longo do segundo governo Dilma (em abril, junho e novembro do mesmo ano) – que a corrupção se tornou a maior preocupação entre os brasileiros.

É verdade que durante o governo Temer, a corrupção, cuja preocupação vinha caindo desde o afastamento de Dilma, voltou pontualmente à cena, por ocasião da crise instaurada pela veiculação de uma gravação da conversa entre o empresário da JBS, Joesley Batista, e o então presidente. Em seguida, a preocupação com a corrupção voltou a perder posição para temas como saúde e segurança, que reassumiram, por sua vez, lugares destacados entre as apreensões dos brasileiros. É possível observar a evolução no Gráfico 3.

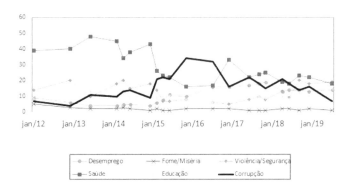

Gráfico 3: Preocupação dos Brasileiros por tema (1994-2019).
Fonte: Elaboração própria, a partir dos dados do Datafolha.

Os achados são coincidentes com o padrão de cobertura da mídia. Interessante observar que Temer raramente figurou nas manchetes relacionadas à corrupção, embora tenha sido mencionado ao longo das investigações da Lava Jato. O mesmo pode ser dito em relação a outros colegas de partido do ex-presidente, o PMDB (DAMGAARD, 2018). Balán (2011) indica que frequentemente atores de dentro do próprio governo, ou integrantes da coalizão, mobilizam os escândalos de corrupção como estratégia de competição política intragovernamental por poder e recursos. Nesse sentido, pode-se afirmar que Michel Temer (PMDB) foi bem-sucedido na reversão do quadro de sucessivas vitórias do PT, de cujos governos seu partido participou.

Outras pesquisas reforçam os indícios da capacidade da mídia de construir agendas, contribuindo para pautar o debate público. Também realizada pelo Instituto Datafolha, no projeto Top of Mind, uma pesquisa de opinião de novembro de 2010 apontou que quando perguntados sobre "qual a primeira coisa que lhe vem à cabeça quando pensa no Brasil", entre os que ressaltavam aspectos negativos, somente 4% declaravam ser a corrupção. Oito anos (um mensalão, uma Lava Jato e um *impeachment*) depois, em dezembro de 2018, o número saltou para 18% – registrando-se, ainda, um pico de 23% em junho de 2017. Esse, dizia a pesquisa, era o ponto mais lembrado entre os aspectos negativos do país.

É interessante observar, ainda, que a percepção de que a corrupção é o maior problema do país aumenta à medida que avançam as investidas da Lava Jato (Gráfico 4). Isso indica que talvez não seja a percepção da opinião pública acerca da corrupção que induz a atuação das instituições e agentes judiciais, mas o contrário: é a atuação dos órgãos e atores do sistema de justiça no combate à corrupção, somada a uma ampla e sistemática cobertura da imprensa, que alimentou a percepção da corrupção como um problema estrutural, dando azo à narrativa de que o Brasil é um país corrupto. Isso demonstra como a utilização de índices de percepção para classificar um país como mais corrupto que outro é pouco precisa.

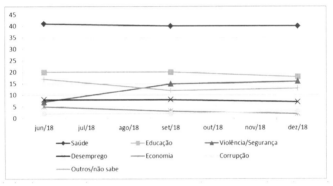

Gráfico 4: Preocupação com a corrupção (2011-2018).
Fonte: Elaboração própria, a partir dos dados do Datafolha.

O cenário de declínio da preocupação com a corrupção que começava a se desenhar no governo Temer consolidou-se com a chegada de Bolsonaro à presidência da República. Quando perguntados sobre qual deveria ser a prioridade do próximo presidente em 2018, os brasileiros já não davam grande destaque ao combate à corrupção, voltando-se para os temas da saúde e da educação, conforme se observa do Gráfico 5.

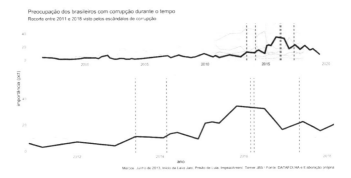

Gráfico 5: Prioridade do governo Bolsonaro de acordo com os brasileiros (resposta espontânea e única, em %).
Fonte: Elaboração própria com base em dados do Datafolha.

Assim como na Mãos Limpas italiana, o tema da corrupção, cuja estratégia de combate ajudou a eleger chefes de governo *outsiders* (e conservadores), perde prioridade na agenda pública. Nada indica, contudo, que a corrupção em si tenha realmente diminuído após as grandes e midiáticas operações jurídico-criminais (Kerche, 2018b).

O impacto da corrupção sobre a opinião pública pode ser sentido também pela série de manifestações de rua que ocorreu no Brasil a partir de 2013. Conforme já apontamos, as grandes manifestações são uma variável fundamental na compreensão das recentes crises políticas latino-americanas. Rupturas e crises democráticas, que antes eram geradas pelos típicos golpes militares dos anos 1960 e 1970, foram sendo reconfiguradas por uma espécie de legalismo autoritário (Scheppele, 2018). Esses retrocessos democráticos envolvem, muitas vezes, a antecipação do fim dos mandatos, seja pela renúncia ou pelo *impeachment*, particularmente a partir dos anos

1990. Tanto aqueles que argumentam que o afastamento de um presidente pelo Legislativo pode ser um sinal de fortalecimento da democracia (PÉREZ-LIÑÁN, 2007) quanto os que enxergam esses movimentos como perigosos (HELMKE, 2017) apontam para a importância das manifestações populares como eventos que afetam os cálculos dos parlamentares no processo decisório. Grandes e constantes demonstrações de descontentamento com o governo incentivam os processos de afastamento precoce do chefe do Executivo.

As ruas ocupadas são, portanto, um importante sinal de que o presidente perdeu apoio popular, o que diminui os incentivos para que os partidos se mantenham também na base de sustentação do governo. Ou, dito de outra forma, protestos de grande magnitude afetam negativamente o "escudo parlamentar" do presidente. Isso significa que chefes de governo não são afastados automaticamente em razão de eventuais escândalos de corrupção que envolvam seu partido ou sua base de apoio no Legislativo. Antes, é necessário que o escândalo se transforme em manifestações, e para isso concorrem diversas variáveis. A mídia tem o importante papel de criar a agenda, mas isso não é suficiente. Os políticos, atentos às "vozes das ruas", devem instrumentalizar os protestos, desembarcando do governo sob ataque e, também, alimentando novas manifestações, em um efeito espiral (PÉREZ-LIÑÁN, 2007).

E é por isso que, conforme já argumentamos, as grandes manifestações acontecidas no Brasil em junho de 2013 – e nos anos de 2015 e 2016 – refletiram a narrativa pública criada pelo Mensalão e a Lava Jato e amplificada pela mídia. Os protestos foram fundamentais para gerar a espiral, entre as ruas e o Congresso, pelo qual o governo

Dilma foi tragado, resultando na interrupção antecipada de seu mandato.

É fato que o tema da corrupção embalava parte da miríade de demandas mapeáveis nas "jornadas de junho". O apoio à Operação Lava Jato, especificamente, acabou por se transformar em uma das principais bandeiras nas manifestações subsequentes, dos anos de 2015 e 2016. Segundo Alonso (2017), existiam três "repertórios de confronto" em torno dos quais os manifestantes orbitavam. Um dos grupos era pautado e se mobilizava pelo tradicional repertório "socialista" e desfilava com suas bandeiras vermelhas, megafones, ostentando um padrão de organização vertical. Outro – o que representava uma novidade – reunia os "autonomistas". Estes eram mais heterogêneos, empunhavam bandeiras mais próximas de um estilo de vida alternativo, mantinham uma forma de organização descentralizada, prenhe de demandas deliberativas em uma busca constante pelo consenso, mas também avançavam táticas *black bloc* e lançavam mão de discursos anticapitalistas e antiestatismo. A terceira frente, a dos "patriotas", misturava símbolos nacionalistas, como as cores verde e amarelo, e tinham como ponto central o discurso da moralização da política. Levantavam a bandeira da ética na política e pediam o *impeachment* da então presidenta Dilma.

Cada um desses grupos (e seus repertórios) foi ganhando diferentes pesos e alternando posições de protagonismo ao longo dos anos e dos ciclos de manifestação. As primeiras surgiram em torno do movimento "passe livre", que protestava contra o aumento do preço das passagens de ônibus, especialmente na cidade de São Paulo. Após a violenta repressão da polícia, no entanto, a participação do movimento se viu redimensionada: a original reivindicação em torno do valor da passagem foi sendo substituída por uma miríade de bandeiras *pari passu* à alternância do protagonismo de diferentes grupos e repertórios.

A cobertura da mídia também se alterou: os principais veículos de comunicação passaram da crítica ao aplauso. Alguns se lembrarão da mudança repentina do comentarista da Rede Globo, Arnaldo Jabor, que em um primeiro momento bradava contra a "ignorância política" dos "arruaceiros" e, alguns dias depois, passou a exaltar a "força política original" dos manifestantes.[70] Inaugurava-se, naquele momento, o "ciclo mosaico", com a presença dos socialistas e dos autonomistas à esquerda e dos patriotas, com suas palavras de ordem contra os políticos, o PT e as instituições estatais, à direita. Foram 470 manifestações em todo o país durante o mês de junho de 2013 (Alonso, 2017).

Surgiam aí, pelas mãos dos "patrióticos", fortes associações entre o PT e a corrupção. "CorruPTos", diziam os cartazes ainda em 2013. No dia 26 de junho foi possível observar o primeiro "fora Dilma" e, apenas três dias depois, um: "Justiça! Queremos os mensaleiros na cadeia". Alonso (2017, p. 53) argumenta que esse "estilo de ativismo atarraxou os laços fracos entre manifestantes avulsos, e o que até então era crítica genérica aos governos desabrochou em antipetismo".

A popularidade do governo caiu 27 pontos. Em junho de 2013, antes das manifestações, 57% dos brasileiros consideravam a gestão de Dilma Rousseff "ótima"

---

[70] Disponível em: <https://bit.ly/3IllAJd>. Acesso em: 25 jan. 2022.

ou "boa", mas, após os protestos, o percentual despencou para a casa dos 30%. Os que consideravam o governo ruim ou péssimo saltaram dos 9% para 25% no mesmo período. A avaliação de Dilma, que lhe garantia 7,1 pontos em uma escala de 1 a 10, caiu para 5,8 após as jornadas de junho.[71] Neste primeiro ciclo, ainda antes da Lava Jato, mas sob o embalo do Mensalão, surgiram manifestações de apoio ao Ministério Público, que este já era identificado com uma agência anticorrupção. O engajamento ganhava forma a partir da discussão sobre a Proposta de Emenda Constitucional (PEC) n.º 37, apelidada de "PEC da impunidade", que reafirmava que o monopólio da investigação criminal era responsabilidade da polícia – e não do Ministério Público.

A PEC 37 visava a deixar ainda mais claro o que já haviam decidido os constituintes, nos idos anos de 1980, considerando que o Ministério Público, em uma interpretação bastante elástica, vinha burlando o dispositivo constitucional. De fato, promotores investigavam, por conta própria e de forma crescente, lançando mão do que entendiam ser uma "autorização por omissão de expressa proibição": como não havia um artigo vedando a investigação criminal por parte do Ministério Público, ainda que a Constituição designasse que a polícia é a responsável pelo inquérito penal, vários promotores se desdobravam, sempre que os interessava, em investigadores criminais (Kerche, 2014).

A PEC 37, que até então tinha grandes chances de ser aprovada, acabou não passando no Congresso, aparentemente amedrontado pelas manifestações: foram

---

[71] Disponível em: <https://bit.ly/3JOp3As>. Acesso em: 25 jan. 2022.

430 votos contrários e somente 9 favoráveis a uma versão inicial da proposta que não incorporava outros pontos acordados e debatidos ao longo da tramitação (ARANTES; MOREIRA, 2019). De quebra, esses mesmos parlamentares, com o apoio do governo federal e como que em uma tentativa de oferecer respostas às manifestações, aprovaram a lei das organizações criminosas que, como já tivemos oportunidade de demonstrar, ofereceu aos procuradores e policiais a possibilidade de negociar com mais autonomia e discricionariedade as delações premiadas. O protagonismo dos atores do sistema de justiça ganhava simpatia da opinião pública, e o tema da corrupção dava sinais de que iria assumir o topo da lista de preocupações dos brasileiros já naquele momento.

Entre março e abril de 2015, depois da apertada vitória de Dilma Rousseff sobre o candidato tucano Aécio Neves (PSDB) nas eleições presidenciais, seguida das manifestações de descrédito do tucano sobre o processo eleitoral e as equiparações expressas entre o partido da reeleita e uma quadrilha de bandidos, iniciou-se o que Alonso (2017) chama de "ciclo patriótico". Nesse período, grandes manifestações assumiram como principal bandeira a luta contra a corrupção dos políticos em geral e dos petistas em particular.

> Uma tônica era o conservadorismo moral, com ataques a minorias e proposição de políticas autoritárias [...]. Outro era a corrupção ("Lula pai do Mensalão. Dilma, mãe do Petrolão"). Nas faixas, a crítica se afunilou no *impeachment* de Dilma e emergiu [um] líder alternativo à política profissional: 'Somos todos Sergio Moro'" (ALONSO, 2017, p. 54).

A popularidade de Dilma Rousseff caiu muito, e, passados poucos meses do seu segundo governo, 74% dos brasileiros já rejeitavam a presidente. A tentativa dos "socialistas", entre dezembro de 2015 e março de 2016, de dar alguma resposta nas ruas – visando apoiar Lula, alvo central da Lava Jato, e também Dilma Rousseff – foi ofuscada com o auxílio providencial da mídia nacional. Os "patriotas" desfilavam, sob os holofotes do horário nobre de televisão, o seu Pixuleco, um gigante inflável do presidente Lula com roupa de presidiário, em referência a uma das fases da Operação Lava Jato. Ao mesmo tempo, exaltavam Sergio Moro e a luta anticorrupção, especialmente no tocante aos esforços dirigidos contra o PT. Nesse momento, como vimos, a corrupção foi capturada pela opinião pública como o principal problema do país, e a cobertura política nacional foi quase toda resumida ao processo de *impeachment* de Dilma Rousseff. A classe política embarcou de vez no jogo, e o *impeachment* foi aprovado. Temer assumia o governo.

A retórica da incansável luta contra a corrupção em um país de corruptos, turbinada pela Lava Jato, não se traduziu somente no antipetismo. Na verdade, ganhou ares de uma luta contra o sistema político como um todo, contra os partidos e os políticos (SOLANO, 2020) – "contra tudo o que está aí", como se pode ler em vários cartazes orgulhosamente empunhados por grupos de manifestantes. O impacto da Lava Jato na opinião pública "contribuiu para a rejeição aos principais partidos nacionais" (SANTOS; TANSCHEIT, 2019, p. 154), modificando aquilo que estava consolidado em nosso sistema partidário. As consequências seriam fortemente sentidas, alguns anos depois, com a chegada de Bolsonaro à presidência da República; mas seria possível percebê-las, a nível local, anos antes.

As eleições municipais nem sempre são "nacionalizáveis". Os estudos sobre comportamento eleitoral apontam para o fato de que o eleitor não costuma priorizar as questões em pauta nacionalmente na hora de escolher prefeitos e vereadores. Mas a eleição de 2016 parece dar testemunho de que toda a regra tem sua exceção: assistimos a um pleito no nível local em que as questões que extrapolam o município influenciaram a decisão dos eleitores. O PT perdeu mais de 60% das prefeituras e só conseguiu eleger prefeito em uma capital, Rio Branco, no Acre. Somando todos os votos computados para vereador no Brasil, o PT, que nas eleições municipais de 2004, 2008 e 2012 vinha obtendo mais de 10%, viu o percentual reduzido quase à metade: um pouco mais que 5% do total de votos foram confiados aos candidatos petistas à vereança.[72]

A antipolítica e o caráter antissistema, decorrentes do enquadramento que a luta anticorrupção promoveu e a mídia ampliou, marcavam a fase final das manifestações país afora e parecem ter também se refletido naquele pleito. O número de votos em branco e nulos para vereadores disparou: em municípios com mais de 500 mil eleitores, representavam algo em torno de 6% do total já em 2004, mas, em 2016, chegaram à casa dos 14%.

---

[72] Os dados sobre as votações de vereadores no Brasil foram apresentados por Jairo Nicolau no 44º Encontro Nacional de Pesquisa e Pós-Graduação em Ciências Sociais (Anpocs), em dezembro de 2021.

Outros indicadores mostram que o estrago não se limitou somente ao PT. Desde as eleições presidenciais de 1994, o partido de Lula e o PSDB (Partido da Social Democracia Brasileira), a despeito do enorme número de partidos do país, vinham monopolizando as preferências dos eleitores. O PSDB ganhou duas eleições com Fernando Henrique Cardoso no primeiro turno (1994 e 1998), tendo Lula como segundo colocado – a mesma posição, aliás que o petista havia obtido, em 1989, contra Fernando Collor de Mello. E o PT ganhou quatro eleições presidenciais depois disso (2002, 2006, 2010 e 2014), disputando sempre o segundo turno com candidatos tucanos. De fato, o PT ou ganhou ou chegou em segundo em todas as eleições presidenciais desde a redemocratização.

Em 2018, a "direita radicalizada" substituiu a "direita moderada" representada, especialmente, pelo PSDB. Geraldo Alckmin, apesar da aliança com o maior número de partidos, maiores recursos do fundo partidário e mais tempo de TV, amargou um humilhante quarto lugar nas eleições presidenciais daquele ano (Santos; Tanscheit, 2019). O PT, com Fernando Haddad, que substituiu Lula a poucos dias das eleições, ainda conseguiu ir para o segundo turno, o que demonstra a resiliência do partido. Isso, contudo, não foi suficiente para impedir o movimento de radicalização que encontrou em Jair Bolsonaro um nome a seu dispor. Algo semelhante se deu no Legislativo.

Desde as eleições de 2002, PT e PMDB figuravam entre as três maiores bancadas na Câmara dos Deputados – e, completando o trio dos mais bem-sucedidos, o PSDB se juntava, a partir de 2006, ao grupo. Na eleição de 2018, o sistema deu uma guinada. Os reflexos da Lava Jato parecem ter sido sentidos também pelos partidos de centro-direita. O MDB (ex-PMDB) e o PSDB, que tentaram surfar na onda anti-PT, perderam quase 50% das cadeiras na Câmara dos Deputados em 2018. O PT também perdeu, mas ainda conseguiu se manter como a maior bancada, apesar dos estragos que a Lava Jato já havia imposto ao partido.

Partidos antes inexpressivos (ou inexistentes) foram mais bem-sucedidos na grande "maré antissistema", aumentando significativamente o número de deputados federais, conforme se observa no Gráfico 6. Entre os 15 deputados mais votados no Brasil em 2018, nenhum era filiado aos tradicionais partidos, os quais, geralmente, montavam as maiores bancadas (PT, PSDB e MDB). Considerando a dimensão ideológica da distribuição das cadeiras, a esquerda manteve sua força, o centro diminuiu e a direita aumentou no pós-2018.

No Senado, após as eleições de 2018, as maiores bancadas foram as do MDB, do PSDB e do PSD (Partido Social Democrático), respectivamente. O PT ficou com a quinta maior bancada, com 6 Senadores (atualmente tem 7, após filiação do senador do Espírito Santo, Fabiano Contarato). O que chama verdadeiramente a atenção após a eleição de 2018, entretanto, é a ampliação do nível de fragmentação: dos 10 partidos com representação na Casa no primeiro governo Fernando Henrique Cardoso, saltou-se para 22 agremiações partidárias após 2018.[73]

---

[73] Em um movimento que pode ser lido como de correção de rota do sistema político, atualmente, no Senado, existem 15 partidos representados.

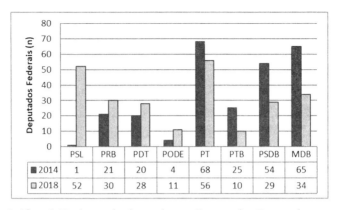

Gráfico 6: Evolução das bancadas na Câmara dos Deputados por partidos (2014/2018).

Fonte: Elaboração própria com base em dados de Santos; Tanscheit, 2019.

O fato é que a Lava Jato contaminou a opinião pública. E esta, quando traduzida em eleitores, respondeu com coerência, negando os partidos tradicionais e elegendo diletantes que surfaram na onda anticorrupção e antissistema. Paradoxalmente, entretanto, o partido mais atacado, o PT, conseguiu manter-se com a cabeça fora da linha d'água em que o PSDB afundou (Kerche; Tanscheit, 2021). A pergunta que fica é se o sistema partidário da Nova República, que parecia ter se consolidado, irá se recompor ou se surgirá um novo rearranjo.

Parte 3
A queda

Em outubro de 2020, Jair Bolsonaro, em um evento no Palácio do Planalto, fez a seguinte afirmação: "Eu acabei com a Lava Jato porque não tem mais corrupção no governo".[74] Há uma parte verdadeira e outra falsa – ou, ao menos, imprecisa – nesta fala do presidente. A falácia está na afirmação de que não haja corrupção no governo de Bolsonaro. Não há como demonstrar cabalmente que um governo é mais ou menos corrupto do que outro. O indicador mais utilizado para se aferir o grau de corrupção nos governos dos diversos países é o de "percepção" da corrupção. E chega a ser paradoxal o fato de que, ao que tudo indica, quanto mais se combate a corrupção, mais se chama a atenção da opinião pública para a existência dos malfeitos. Ou seja, o combate à corrupção, especialmente em um modelo que se mobiliza constantemente a mídia, tende a incrementar a sensação de corrupção.

Vimos isso acontecer com o caso brasileiro. Conforme dão testemunho as pesquisas de opinião nos últimos anos, a corrupção passou a ser percebida pela opinião pública como um grande problema político e social justamente no período em que a Operação Lava Jato estava a pleno vapor. Em outras palavras, não é verdade que não haja corrupção no governo do ex-capitão; disso não sabemos, porque isso sequer pode ser demonstrado. Mas há uma parte (pelo menos parcialmente) verdadeira da afirmação de Bolsonaro: no seu governo, a Lava Jato acabou.

A operação perdeu relevância política, e sua atuação se tornou bem mais modesta, quase irrelevante, até que, finalmente, no início de 2021, o modelo de força-tarefa

---

[74] Disponível em: <https://glo.bo/3JOp8Eg>. Acesso em: 24 jan. 2022.

foi oficialmente desarticulado pelo procurador-geral da República (PGR), colocando, na prática, um ponto final à operação. O Supremo Tribunal Federal (STF), por sua vez, proferiu duas decisões que tiveram efeitos devastadores sobre o legado da Lava Jato. A anulação das condenações de Lula e a declaração de suspeição de Sergio Moro reordenaram a cena política nacional.

Em relação aos efeitos deletérios da Lava Jato, como era de se esperar, eles extrapolaram o sistema político brasileiro para se estender para o campo econômico, em especial nas cadeias de petróleo e gás e na construção civil. Em seu depoimento, o ex-presidente Lula, quando indagado por Sergio Moro sobre os impactos negativos da corrupção na economia, rebateu que o que havia verdadeiramente prejudicado as empresas brasileiras envolvidas no esquema era, antes, "o método de combater a corrupção".[75]

Eis uma distinção importante. A relação entre corrupção e desenvolvimento econômico, assim como entre corrupção e democracia, é largamente explorada pelos cientistas sociais. Em geral, aponta-se para os efeitos deletérios da corrupção – e suas variantes, tais como o clientelismo. Entretanto, é igualmente importante perceber que, mesmo diante de um diagnóstico consensual, a indicação de tratamento pode variar. Trocando em miúdos: existem muitos métodos disponíveis de combate à corrupção. O modelo de força-tarefa e, mais especificamente, a Lava Jato compõem uma estratégia, entre tantas outras, que se pode implementar.

---

[75] Disponível em: <https://bit.ly/3hfpk3e>. Acesso em: 24 jan. 2022.

Ainda está por ser realizada a quantificação e a avaliação extensiva dos legados econômicos da Lava Jato,[76] mas um grupo de especialistas tem apontado para o fato de que a operação é um dos fatores para a retração do Produto Interno Bruto (PIB) no Brasil, que, em 2020, registrou queda de 4,1%.[77] Se entre 2010 e 2014 a economia brasileira vinha crescendo cerca de 3,38% ao ano, sob a égide da Lava Jato o país regrediu, em média, 1,27% ao ano.[78] Em resumo: a Lava Jato "foi decisiva para o aprofundamento da trajetória regressiva da economia brasileira ao longo da segunda metade da década de 2010" (POCHMANN, 2019, p. 7).

Os impactos negativos da força-tarefa no desenvolvimento econômico e no nível de empregabilidade no país foram sentidos na construção civil, nas cadeias de petróleo e gás e atingiram fortemente, também, os setores metalomecânico e naval, cujas perdas podem totalizar até R$ 142 bilhões (DE PAULA; MOURA, 2019, p. 5). O Departamento Intersindical de Estatística e Estudos Socioeconômicos (DIEESE) aponta que o Brasil perdeu R$ 172 bilhões em investimentos e 4,4 milhões de empregos por causa dos efeitos da operação. O que deixou de ser investido equivale a 40 vezes os valores (R$ 4,3 bilhões) que o Ministério Público Federal (MPF) diz ter recuperado após a atuação dos integrantes da Lava Jato. Com isso,

---

[76] Uma boa tentativa está em AUGUSTO JR.; GABRIELLI; ALONSO JR., 2021.

[77] Disponível em: <https://bit.ly/3JPCQqq> e <https://glo.bo/3JUUcT0>. Acesso em: 18 out. 2021.

[78] Disponível em: <https://bit.ly/3hb9bvy>; <https://bit.ly/33MVVdq>. Acesso em: 24 jan. 2022.

os cofres públicos teriam deixado de arrecadar R$ 47,4 bilhões em impostos. Ademais, a agenda anticorrupção da Lava Jato teria acabado com milhares de empregos, custando aos cofres do Estado brasileiro R$ 20,3 bilhões em contribuições sobre a folha de pagamento de pessoal.[79]

O aprofundamento da crise econômica a partir de 2015 é devido, entre outros fatores, à desestruturação dos setores de construção civil e petróleo/gás, alguns dos poucos setores em que o capital doméstico era competitivo a nível internacional. A indústria do petróleo, em especial a Petrobras, foi impactada fortemente após 2014, não somente porque o preço do barril de petróleo caiu de US$ 111,87, em junho de 2014, para US$ 27,00, em fevereiro de 2016,[80] mas também como consequência do escândalo de corrupção desvelado pela Lava Jato, que refletiu no valor de mercado da companhia. A Petrobras amargou prejuízos líquidos de R$ 5,3 e R$ 26,6 bilhões nos dois últimos trimestres de 2014, e de R$ 36,9 bilhões no último trimestre de 2015. A petroleira investiu menos, tanto em volumes reais quanto nominais: dos US$ 48,826 milhões em 2013 para US$ 15,084 milhões em 2017, uma retração de quase 70%. "As inversões da estatal decaem de 1,97% do PIB em 2013 para 0,73% do PIB em 2017 e de 9,44% do volume total de investimentos (FBKF) para 4,69% no mesmo recorte" (DE PAULA; MOURA, 2019, p. 6).

O impacto disso tudo é significativo, dada a importância da Petrobras para os investimentos públicos: o que em 2013 representava 49,3% do total, em 2017 retrocedeu para 36,5%. Além dos empregos indiretos

---

[79] Disponível em: <https://bit.ly/3t8jbuX>. Acesso em: 24 jan. 2022.

[80] Disponível em: < https://bit.ly/3pcZote>. Acesso em: 18 jan. 2022.

perdidos, o Sistema Petrobras também encolheu: em 2013, a empresa possuía 86.108 empregados, número que caiu para 68.829 entre 2013 e 2016. No mesmo período, o número de trabalhadores terceirizados da companhia encolheu, passando de 360.180 para 117.555: foram 260 mil postos de trabalho perdidos após o ano de início da Operação Lava Jato.

Mas não foi apenas o segmento de petróleo e gás que sentiu as consequências do processo de desestruturação econômica potencializado pela Lava Jato. Em relação à construção civil, os impactos foram igualmente devastadores. De acordo com Campos (2019, p. 3), "a construção pesada fechou um milhão de postos de trabalho, equivalente a 40% das vagas de emprego perdidas na economia". Entre 2016 e 2017, a Odebrecht, a Camargo Corrêa e a Queiroz Galvão perderam em receitas 40%, 41% e 24%, respectivamente. Em 2014, a Odebrecht "entrou em recuperação judicial, acumulando uma dívida total de R$ 98 bilhões" (Campos, 2019, p. 3). A maior empresa brasileira de engenharia registrava um faturamento bruto de R$ 107 bilhões e um contingente de 168 mil funcionários, operando em 27 países. Três anos depois do início da Lava jato, em 2017, o faturamento caiu para R$ 82 bilhões, e o quadro de pessoal foi restringido a 58 mil funcionários em atividade em 14 países – uma queda brusca. Não foi diferente do que aconteceu com outras grandes empreiteiras nacionais envolvidas no esquema de corrupção investigado pela Lava Jato.

A Queiroz Galvão, a OAS, a Andrade Gutierrez e a Camargo Corrêa registram, nos últimos anos, uma perda de 68,57% dos ativos financeiros consolidados. Obrigadas a executar planos de desinvestimento, venderam parte de seu patrimônio para holandeses, portugueses e chineses (DE PAULA; MOURA, 2019). A presença das construtoras brasileiras no mercado internacional, embora modesta em relação a países como a China, vinha crescendo desde 2003,[81] mas o processo foi interrompido após a Lava Jato. Em 2011, o Brasil possuía 3% do mercado internacional de construção. Enquanto a China exportava mais de US$ 60 bilhões e a Alemanha quase US$ 30 bilhões, as construtoras brasileiras ficavam na faixa inferior aos US$ 10 bilhões – menos que a Espanha e a Coreia. A participação em África, fruto de alguns questionamentos da Lava Jato, era irrisória em 2006 e passou a representar 4,1% em 2012. Naquele ano, o Brasil ficava atrás dos Estados Unidos, da Coreia, da França e da Itália. A China pulou de 28,4%, em 2006, para 44,8% do mercado africano. Na América Latina e no Caribe, a Espanha, os Estados Unidos, a França e a Itália perderam mercado entre 2006 e 2012. Somente o Brasil e a China aumentavam sua participação: enquanto os chineses pularam de 4,9% do mercado para 12,1%, a engenharia brasileira partiu de 9,5% para ocupar 17,8% do mercado.

O resumo é que a presença das construtoras brasileiras vinha aumentando no mercado mundial, em especial em África e na América Latina. A bancarrota desse setor representou menos empregos e divisas para o Brasil. A política de apoio às exportações de engenharia do Banco Nacional de Desenvolvimento Econômico

---

[81] Todos os dados sobre as construtoras brasileiras e o mercado internacional são baseados em informações fornecidas pelo BNDES e tornadas públicas em diferentes apresentações feitas por seus funcionários.

e Social (BNDES), fundamental para que as empresas nacionais pudessem disputar mercado com construtoras de outros países que também dispunham de bancos de desenvolvimento, exigia que o país contratante comprasse produtos nacionais para a realização da obra.

É certo que se poderia argumentar no sentido de que, frente aos atos ilícitos comprovados, nada restava como alternativa senão, em atenção ao que dispõe a legislação, aplicar as sanções cabíveis aos envolvidos. Contudo, é igualmente certo que a narrativa pública que foi construída pela Lava Jato extrapolou as funções da justiça criminal, avançando sobre a dimensão política das estratégias do governo na economia. Sedimentou-se um discurso de que o governo "dava" dinheiro para países estrangeiros, em especial para as "ditaduras amigas" do PT, mesmo diante da informação de que o país que mais recebia financiamentos do BNDES era os Estados Unidos.

A imprecisão e o falseamento da política de exportação do país só podem ser compreendidos a partir de uma espécie de alienação ideológica que estava no cerne da atuação da Lava Jato. A sanha punitivista dos que – calcados em um modelo que lhes assegurava ampla discricionariedade e múltiplos instrumentos de ação, sem a contrapartida de algum controle sobre sua atuação – comandavam a força-tarefa, somada à falta de visão acerca da complexidade do mercado internacional, redundou na catástrofe econômica que atingiu as empresas brasileiras.

De fato, a Lava Jato adotou a lógica de "jogar a criança fora com a água do banho", aderindo a uma estratégia concorrencial internacional de mobilização da agenda anticorrupção (WARDE, 2018) – algo muito diferente daquilo que se passa em outros países que já enfrentaram casos de corrupção empresarial nos quais se pune os empresários e executivos, mas se protege as empresas. Vale a pena lembrar, a título de exemplo, que as gigantes alemãs Siemens e Volkswagen,[82] envolvidas em escândalos de corrupção, não quebraram.

No Brasil, ao contrário,

> [...] ao invés de atacar fundamentalmente os personagens da corrupção, isolando-os dos empreendimentos aos quais se encontravam atuando enquanto dirigentes, conforme ocorre na experiência internacional, a Operação Lava Jato contribuiu para sufocar setores inteiros que eram responsáveis por parte significativa do crescimento da economia nacional (como petróleo e gás, construção naval e civil, entre outros). Com isso, a autonomia nacional foi atacada, desconstituindo produção interna e tornando-a mais dependente do exterior (POCHMANN, 2019, p. 7).

A morte da Lava Jato, portanto, não nos livra de seu legado – nem na política, nem na economia.

Mas retomemos o seu ocaso. Pode-se dizer que diversos fatores concorreram para a decadência da operação. Nesta parte, iremos apontar a derrocada da Lava Jato a partir de alguns eventos fundamentais, que se desenrolaram ao longo dos anos de 2018, 2019 e 2020: a ida de Sergio Moro para o Mistério da Justiça e Segurança Pública e a indicação de Augusto Aras à Procuradoria-Geral da República – ambos no governo Bolsonaro – somadas aos desdobramentos da Vaza Jato e aos vazamentos no

---

[82] Disponível em: <https://bit.ly/3LY6TOB>. Acesso em: 13 nov. 2021.

âmbito da Operação Spoofing, que revelaram os bastidores da força-tarefa de Curitiba e abalaram sua estrutura. Em resumo, pode-se dizer que, por um lado, a autonomia e a discricionariedade dos agentes do sistema de justiça encontraram limites, e, por outro, a imagem pública da operação foi desfeita. Foram estas as condições que colocaram a Lava Jato numa espécie de coma. Os aparelhos foram desligados pelo STF quando o tribunal decidiu pela parcialidade de Sergio Moro e a anulação dos processos contra Lula. Embora o fantasma da operação ainda esteja entre nós, a Lava Jato chegava ao fim.

Capítulo 7

De ex-juiz a ex-ministro: Sergio Moro no governo Bolsonaro

O primeiro passo em direção ao precipício foi dado por Sergio Moro. Levando consigo a Lava Jato debaixo do braço, fez-se ex-juiz para tornar-se ministro de Bolsonaro. A imagem pública da operação havia sido construída na base do "nós *versus* eles" – *nós* sendo os impávidos agentes do sistema de justiça reunidos contra *eles*, os políticos corruptos responsáveis por todas as mazelas do país. A ida de Moro para o governo gerou os primeiros constrangimentos a aguçar as dúvidas a respeito dos propósitos da Lava Jato.

Pode-se dizer que Sergio Moro rasgou a fantasia de super-herói apartidário e equilibrado que havia embalado não só o carnaval, mas parte da classe política e da imprensa brasileira. Por outro lado, é possível dizer que Bolsonaro, logo de partida, mexia bem as peças do tabuleiro. Aproximando-se de Moro, o presidente, a um só tempo, neutralizava o ex-juiz da Lava Jato tornando-o funcionário do governo e subordinando-o ao chefe do

Executivo, despido das garantias constitucionais da magistratura, bem como também capitalizava o discurso público de combate à corrupção. Bolsonaro adotou o lavajatismo para livrar-se da Lava Jato.

Quando, em 1º de novembro de 2018, poucos dias após a vitória de Jair Bolsonaro na eleição presidencial da qual Lula fora impedido de participar, Moro aceitou assumir o Ministério da Justiça, a sorte da Lava Jato começou a mudar. O convite, segundo Gustavo Bebianno, o ex-ministro chefe da Secretaria-Geral da Presidência, teria sido feito ainda antes do segundo turno, coisa que o ex-juiz nega. O fato é que, independentemente do momento exato em que Moro passou a considerar a mudança de rumos de sua trajetória profissional, a decisão de deixar a magistratura para assumir, imediatamente, um cargo de ministro em um governo que, ainda que indiretamente, havia ajudado a eleger em razão de sua atuação na Justiça Federal não caiu bem nem mesmo para o grupo de procuradores da Lava Jato de Curitiba. O vazamento das conversas trocadas entre os integrantes da operação, que pouco depois seria revelado pela Vaza Jato e posteriormente no âmbito da Operação Spoofing, é inequívoco quanto às dúvidas e preocupações da equipe de Dallagnol em relação à conveniência de Sergio Moro assumir um posto no novo governo *vis-à-vis* o destino da operação.[83]

As coisas só pioraram para Moro e para a Lava Jato. Sem as garantias da magistratura, despido da proteção que a toga até então lhe concedia para mobilizar politicamente

---

[83] Disponível em: <https://glo.bo/33NLoih>. Acesso em: 24 jan. 2022.

o direito, o ex-juiz, embora tenha se mantido popular, se revelou pouco habilidoso no novo ambiente. Entre os analistas políticos e especialistas de segurança pública, há uma espécie de consenso de que a passagem de Sergio Moro pelo ministério foi marcada por derrotas. Nem mesmo a queda das mortes violentas, registrada por alguns meses do primeiro ano do governo Bolsonaro, foi resultado da atuação do ex-juiz, mas sim uma consequência das políticas de alguns governadores. Moro bem que tentou pegar "carona" nos números positivos, mas logo se esquivou ao perceber que as mudanças não eram duradouras.

A agenda anticorrupção que o ex-juiz tentou implementar desde a sessão da Justiça Federal em Curitiba esmaeceu com Moro à frente do Ministério da Justiça e Segurança Pública. O então ministro, em muitos momentos, foi incompetente; em outros, simplesmente omisso. O primeiro caso notório a exigir a atuação de Moro envolveu Onyx Lorenzoni, coordenador da transição de governo cotado, na época, para assumir a Casa Civil. A confissão do deputado federal de que havia, de fato, recebido recursos de caixa dois da JBS, tal qual davam conta as delações dos irmãos Joesley e Wesley Batista, colocou Moro em uma saia justa. Ele, que como ex-juiz conduziu os processos da Lava Jato mitigando propositadamente as fronteiras entre propina, caixa 2 e até caixa 1 para avançar condenações sobre o Partido dos Trabalhadores (PT), diante da declaração de Onyx deu-se por satisfeito com um pedido público de desculpas. O ex-juiz fez-se de rogado, também, em face de outras denúncias de corrupção que atingiam, agora, integrantes do governo que ele compunha com Bolsonaro.

Moro estava à frente da pasta da justiça quando denúncias foram feitas contra colegas de governo em relação ao escândalo de candidaturas de laranjas no Partido Social Liberal (PSL), legenda pela qual Bolsonaro se elegeu. Em reportagem, o jornal *Folha de S.Paulo* afirma ter tido acesso ao depoimento do coordenador da campanha, o ministro do Turismo Álvaro Antônio, e a uma planilha com alguns registros de repasses. Ambos indicavam, segundo a reportagem, que parte dos recursos desviados pelas "candidatas laranjas" do PSL foi usado para pagar materiais de publicidade da campanha de Bolsonaro em Minas Gerais. Diante do caso, no entanto, o ex-juiz "implacável" da Lava Jato defendeu publicamente o presidente. O caso foi caindo no esquecimento, mas a postura de Moro

> [...] surpreendeu membros do Judiciário e do Ministério Público. O ex-juiz saiu em defesa do presidente, e procuradores que atuaram na Lava Jato demonstraram incredulidade. Ministros de cortes superiores, alarde: o chefe da PF mostrou parcialidade, disse um integrante do STJ.[84]

O então ministro Moro também se mostrou menos rigoroso que o juiz Sergio Moro em face das acusações de "rachadinhas" na Assembleia Legislativa do Rio de Janeiro que envolvem um dos filhos do presidente, atualmente senador, Flávio Bolsonaro. A acusação de que uma parte dos salários dos funcionários do então deputado estadual era devolvida ao parlamentar em um esquema coordenado

---

[84] Disponível em: <https://bit.ly/3HjzN8m>. Acesso em: 24 jan. 2022.

por um assessor e amigo da família Bolsonaro, o depois "famoso" Queiroz, não sensibilizou o ministro.

Não foi apenas no campo simbólico, contudo, que o ex-juiz e então ministro Sergio Moro dava mostras de desconstrução de seu impávido caráter, fazendo água à imagem pública da Lava Jato. Como ministro, não foi bem-sucedido na construção de uma agenda anticorrupção e tampouco avançou com medidas eficientes relativas à segurança pública. Como aponta Lima (2020, [s.p.]), "Sergio Moro teve uma gestão tímida na segurança pública e não usou de seu grande prestígio político e de suas prerrogativas no cargo para avançar novas condições estruturantes para uma segurança mais cidadã e efetiva". Cercado por delegados da Polícia Federal com passagem na Lava Jato, Moro não conseguiu aprovar o seu pacote anticrime junto ao Congresso, paralisou a implementação do Sistema Único de Segurança Pública (SUSP), diminuiu o repasse de verbas para a segurança aos estados e amainou o número de operações da Força Nacional de Segurança Pública em áreas indígenas e de proteção ambiental. Segundo a insuspeita Miriam Leitão (2021, [s.p.]),

> [...] [n]os 16 meses que ficou no Ministério da Justiça, Moro barrou demarcações de terras indígenas, mandou o fracassado pacote anticrime para o Congresso, embutindo nele o excludente de ilicitude, apoiou indiretamente um motim de policiais no Ceará e abonou os sinais de desvios éticos no governo Bolsonaro, quando começaram a surgir.

A principal iniciativa de Moro no Ministério da Justiça e Segurança Pública foi a apresentação de um projeto de lei, desenhado pelo ex-juiz que consistia, basicamente, na alteração da legislação (penal e processual penal) com vistas ao recrudescimento do combate à violência, ao crime organizado e à corrupção. Na Câmara, unificado à proposta congênere do ministro do Supremo Tribunal Federal (STF) Alexandre de Moraes, o Projeto de Lei 10.372/2018 tramitou sob o título de "pacote anticrime". Esse foi o primeiro ponto de atrito entre Moro e o então presidente da Casa Civil Rodrigo Maia (DEM), que chegou a declarar publicamente que "Moro era 'apenas um funcionário do governo' e que o projeto dele era um 'copia-e-cola' do projeto de Alexandre de Moraes".[85]

Mesmo sem o protagonismo desejado, o ex-ministro empenhou-se pessoalmente pela aprovação do pacote, mas o resultado pode ser descrito como uma vitória de Pirro. O projeto de lei foi aprovado após uma tramitação longa e desgastante no Congresso, que incluiu inúmeras reuniões para costura de acordos entre o então ministro e lideranças partidárias – tudo sob a pressão da opinião pública, insuflada pela campanha de marketing milionária do governo Bolsonaro questionada pelo Tribunal de Contas da União.[86]

A redação final do pacote anticrime dista bastante do projeto original de Moro, que colheu derrotas significativas. O então ministro viu serem excluídas a criminalização do caixa dois (apresentada em separado), as mudanças nas regras para a excludente de ilicitude, a criação da *plea bargain* e a determinação legal da prisão em segunda

---

[85] Disponível em: <https://bit.ly/3pcZQaU>. Acesso em: 18 mar. 2021.

[86] Disponível em: <https://bit.ly/33OsebX>. Acesso em: 18 mar. 2021.

instância. O então ministro da Justiça também era contra a inclusão, no pacote, da figura do juiz de garantias, mas os deputados mantiveram a previsão.

A derrota de Moro em face do pacote anticrime representa, em certa medida, um renovado ânimo crítico da classe política em relação às estratégias investigativas da Lava Jato e, também, um certo contraponto à disposição punitivista do Poder Judiciário. Os políticos reagem à sanha do sistema de justiça quando se sentem agredidos, como já havia ensinado a Mãos Limpas italiana. Todos os mecanismos rejeitados já haviam sido mobilizados pela força-tarefa quando Moro estava à frente da 13ª Vara de Curitiba. Na verdade, as propostas de Moro, em conjunto, reforçavam institucionalmente aquele modelo de persecução criminal ancorado em uma quase fusão institucional.

Não por acaso, o ex-juiz se opunha à criação da figura do juiz de garantias, fundamental para evitar a sobreposição das fases de investigação e judicial do processo criminal. A proposta é simples: o juiz que fiscaliza a produção de provas, autorizando quebras de sigilo e decretando medidas cautelares, acompanhando, portanto, a fase de investigações, não pode ser o mesmo que eventualmente atuará na fase judicial, conduzindo e julgando a ação penal contra os denunciados. Os efeitos esperados são os de restauração do modelo acusatório de justiça criminal, afrontado pela força-tarefa de Curitiba sob a tutela de Sergio Moro.

O então ministro caminhava na direção oposta. Tome-se o exemplo da *plea bargain*, que é um mecanismo jurídico negocial análogo à delação premiada. Pela proposta de Moro, apoiada pela Associação Nacional de Procuradores da República, os poderes do Ministério Público na negociação com os acusados restariam ainda mais concentrados. O caso da determinação legal de prisão em segunda instância dá conta, ademais, da intenção do ex-juiz de colocar um ponto final no debate que transcorria no STF e que envolvia o ex-presidente Lula. Por fim, a proposta de mudanças nas regras para excludente de ilicitude ampliava a discricionariedade das forças policiais, permitindo ao juiz que reduzisse ou deixasse de aplicar pena a policiais se um eventual excesso em sua atuação fosse decorrente de "escusável medo, surpresa ou violenta emoção".[87]

Mas não foi apenas desses embates com o Congresso Nacional que o ex-juiz saiu derrotado. Moro perdeu, também, a batalha em torno das mudanças no Conselho de Controle de Atividades Financeiras (COAF), órgão que teve papel fundamental na Lava Jato, fornecendo dados de investigados e suspeitos para a força-tarefa de Curitiba. O COAF, que integrava a rede de *accountability* do Estado,[88] produzia milhares de relatórios sobre transações financeiras atípicas que subsidiaram dezenas de investigações das operações anticorrupção, tais como a Lava

---

[87] Disponível em: <https://glo.bo/3IkOPvV>. Acesso em: 25 jan. 2022.

[88] *Accountability* é uma palavra que não tem tradução para o português e é geralmente usada pela Ciência Política em sua grafia original, para referir-se a processos ou mecanismos de responsabilização, fiscalização e controle sobre os agentes estatais e políticos. Nesse sentido, a rede de *accountability* no Brasil é composta de órgãos de controle da burocracia do Estado, tais como a Controladoria-Geral da União (CGU), o Tribunal de Contas da União (TCU) e a Receita federal, por exemplo. As instituições do sistema de justiça, tais como o Ministério Público e o STF também exercem funções de controle, razão pela qual se diz que integram a rede de *accountability* no Brasil. Ver PINHO; SACRAMENTO, 2009.

Jato. Criado em 1998, o órgão sempre esteve vinculado ao Ministério da Economia, mas logo no começo de seu mandato, e com apoio de Sergio Moro, Bolsonaro tentou deslocá-lo para a estrutura do Ministério da Justiça. O Congresso resistiu, e o COAF permaneceu na Economia.

Nesse caso, a derrota de Moro também se deu internamente ao próprio governo. Por sua indicação, Roberto Leonel, o auditor fiscal da Receita Federal responsável pelos levantamentos contábeis da Lava Jato, havia assumido a presidência do órgão e, por sua influência, havia ampliado sua estrutura técnica. Entretanto, em uma reviravolta bastante indicativa do desgaste de Moro com o Planalto, Bolsonaro editou uma Medida Provisória (MP 893/2019) que alterava não apenas o nome do órgão – agora Unidade de Inteligência Financeira –, mas também seu *locus* institucional, que passou a ser o Banco Central (Bacen), assim como seu presidente.

As consequências para a estrutura e a natureza do COAF não passaram desapercebidas. Ricardo Liáo, servidor de carreira do Bacen e diretor de supervisão do antigo COAF, assumiu sob as fundadas preocupações acerca da sua capacidade de manter a estrutura técnica do órgão, já que a MP assinada por Bolsonaro silenciava sobre suas condições de possibilidade (regras de requisição e gratificação), remetendo à regulamentação interna. Para completar o cenário, por decisão de Bolsonaro, o órgão passaria a ser comandado por um conselho deliberativo formado por pessoas com notório saber sobre corrupção e lavagem de dinheiro, o que ampliava as possibilidades de indicações políticas.[89]

---

[89] Ver: <https://bbc.in/3hfUdnX>. Acesso em: 16 mar. 2020.

Moro também se calou diante de outros movimentos de interferência do Planalto em órgãos de controle que integravam a rede de *accountability* que havia sido construída ao longo dos governos do PT, particularmente a partir das ações da ENCCLA (Estratégia Nacional de Combate à Corrupção e à Lavagem de Dinheiro). Já no primeiro ano do governo, em 2019, a imprensa registrava que Bolsonaro passou a pressionar pela troca de servidores em postos de comando da Receita Federal, particularmente na unidade do Rio de Janeiro, onde investigações em curso envolviam o núcleo político e também familiar do presidente.[90] O governo chegou a estudar mudanças na estrutura do órgão que, desde 2017, havia criado um grupo para tratar especialmente da análise fiscal de ocupantes de cargos políticos, assumindo, gradativamente, uma postura menos reativa, dependente das solicitações do Ministério Público, por exemplo, para avançar ativamente em busca de crimes fiscais.

Sempre que questionado publicamente sobre as intervenções, Bolsonaro recorria ao mesmo argumento, qual seja, o de que possuía legitimidade, conferida pelo povo brasileiro, para promover os ajustes institucionais que julgasse adequados na burocracia de controle. O sentido dos ajustes é controverso; revelam, na verdade, um verdadeiro cavalo de pau institucional na agenda anticorrupção, que havia se afirmado sob a égide da autonomia e da discricionariedade crescentes dos burocratas e agentes do sistema de justiça que atuavam na rede de *accountability*.

---

[90] Disponível em: <https://bit.ly/3LWc1CJ>. Acesso em: 24 jan. 2022.

Já tivemos oportunidade de argumentar que esse modelo, sem a contrapartida do controle público, pode gerar inúmeras distorções, como as que observamos no caso da Lava Jato. Ainda que não se possa fazer mais do que supor as intenções nada republicanas do presidente, o fato é que Bolsonaro seguiu habilmente na sua toada de reversão do desenho institucional da burocracia de controle, tendo Moro como escudo. Mas, no dia 24 de abril de 2020, quase um ano e meio após a posse, Sergio Moro anunciou de forma espetaculosa, com direito a coletiva de imprensa, bem ao estilo da Lava Jato, a sua saída do governo.

Diferentemente do que se poderia esperar, contudo, a repercussão em nada lembrava aquela concernente à sua atuação como juiz da Lava Jato. Moro rapidamente perdeu os holofotes da imprensa, e sua exoneração não chegou sequer a refletir-se em perda de popularidade para Bolsonaro. Pelo contrário, a estratégia de Moro de "cair atirando" não prosperou. Ele havia se demitido sob a justificativa de que não poderia tolerar a suposta interferência indevida do presidente na Polícia Federal, embora não tivesse, até aquele ponto, oferecido a mesma resistência em face das tentativas de desarticulação da rede de *accountability* com as quais Bolsonaro avançava.

O ex-juiz, após meses no comando de uma pasta importante do Executivo, finalmente acusou Bolsonaro de tentar influenciar na indicação do delegado chefe da Polícia Federal, assumindo que a postura do presidente atentava contra a autonomia do órgão. Demitiu-se por discordar da decisão de Bolsonaro de nomear alguém de sua confiança em substituição ao delegado Maurício Valeixo, indicado por Moro. Mesmo depois de sua exoneração, o ex-ministro vazou para a imprensa, no melhor estilo lavajatista, uma troca de mensagens entre ele e a deputada federal Carla Zambelli (PSL-SP), sua afilhada de casamento e aliada de Bolsonaro. As trocas de mensagens davam conta da disponibilidade da deputada para intermediar conversas entre ele e o presidente, no intuito de negociar uma solução para o caso da Polícia Federal.

De outra parte, Bolsonaro seguia reclamando sua autoridade – nesse caso, para dirigir o Ministério e, consequentemente, influenciar o comando da Polícia Federal. Já tivemos a oportunidade de argumentar que a autonomia da Polícia Federal – que é, lembre-se, órgão do Ministério da Justiça – é conjuntural no sentido de que é o resultado de um processo de afirmação institucional derivado de iniciativas diretas de reforço orçamentário, organização das carreiras e profissionalização ao longo dos governos do PT. Assim, a capacidade institucional da Polícia Federal está vinculada às políticas do governo – de qualquer governo. Mas não é só. A direção da atuação da Polícia Federal também se dá na interface com o governo: a priorização de agendas (de combate à corrupção ou ao tráfico de drogas, por exemplo) é uma decisão eminentemente política. A disputa entre Moro e Bolsonaro, portanto, pode ser lida como uma desavença tipicamente política sobre quais rumos a Polícia Federal deveria assumir e a quem se subordinar, e não a visões diferentes sobre o quão autônomo o órgão deveria ser.

Essa era a linha de argumentação do presidente. Ainda em decorrência da troca de acusações entre Moro e Bolsonaro, veio a público um vídeo de uma reunião ministerial no qual o presidente foi visto defendendo justamente que o controle sobre a Polícia Federal deveria ser dele. A essa altura, o caso já estava no STF. O procurador-geral da República (PGR) Augusto Aras solicitou a abertura de inquérito para averiguar as acusações de Moro contra Bolsonaro – a saber, as de: falsidade ideológica; coação no curso do processo; advocacia administrativa; prevaricação; obstrução de justiça; corrupção passiva privilegiada. Ao mesmo tempo, contudo, o PGR formalizou investigação contra Moro por denúncia caluniosa e crimes contra a honra. Aras agiu estrategicamente: frente às graves denúncias públicas de um ministro de Estado contra o presidente da República, solicitou que elas fossem averiguadas. Por outro lado, em atenção às relações de fidelidade que nutria com o presidente, tratou também de manobrar juridicamente para pressionar Moro, deixando uma porta aberta para que as acusações originais do ex-ministro pudessem se voltar contra ele. Moro provava de seu próprio veneno.

A disputa jurídica entre Moro e Bolsonaro tende a não dar em nada, salvo uma reviravolta na conjuntura que justifique uma atuação mais firme de Aras contra o presidente. Politicamente, Bolsonaro parece ter levado a melhor. O presidente demonstrou capacidade de se sustentar junto à opinião pública independentemente de Moro, considerado, em princípio, um "intocável" do governo. Retomou, ainda, em sua toada centralizadora, a influência do governo sobre a Polícia Federal. Nesse tocante, não é possível, ainda, estimar os reais efeitos da jogada do ex-capitão sobre a capacidade institucional da Polícia Federal. A "cultura institucional" forjada ao longo dos últimos anos na Polícia Federal pode oferecer pontos de resistência a eventuais investidas não republicanas por parte de Bolsonaro.[91] O fato é que a crise gerada pela troca de comando do órgão revelou o ímpeto do presidente de desmobilizar a rede institucional que dava sustentação à Lava Jato, sem, necessariamente, abrir mão do lavajatismo.

Depois de vagar pelo noticiário sem sombra do protagonismo que havia alcançado como juiz da Lava Jato, no final de 2020 Moro anunciou publicamente seu vínculo com a empresa de consultoria internacional Alvarez & Marsal. Ao que tudo indica, o ex-juiz não via qualquer conflito em se associar a uma empresa que era administradora judicial da Odebrecht, que está em sérias dificuldades financeiras justamente em razão das medidas da Lava Jato. Também não parece causar constrangimento a Moro o fato de que a empresa de consultoria da qual se tornou sócio-diretor tenha incluído na lista de propriedades da construtora OAS o triplex do Guarujá. Sim, o imóvel que, segundo o ex-juiz, seria de Lula e que teria sido o objeto do crime pelo qual o ex-presidente foi condenado e preso, de acordo com a Alvarez & Marsal, é, na verdade, de propriedade da OAS.[92]

O Tribunal de Contas da União (TCU) e o Ministério Público do TCU, entretanto, têm afirmado que Moro "poderia estar ganhando indiretamente dinheiro do processo de recuperação judicial da construtora depois de ter contribuído para a situação de dificuldade que ela agora atravessa".[93] Os patrões de Moro receberam R$ 42,5

---

[91] Disponível em: <https://bit.ly/33Otb41>. Acesso em: 24 jan. 2022.

[92] Disponível em: <https://bit.ly/3HiR55B>. Acesso em: 24 jan. 2022.

[93] Disponível em: <https://bit.ly/3sj2PQY>. Acesso em: 18 mar. 2021.

milhões de empresas investigadas em processos presididos pelo então-juiz,[94] 78% de todo o faturamento por administração judicial entre 2013 até 2022.[95] Em decisão de 2021, o ministro do TCU Bruno Dantas determinou que a Alvarez & Marçal revele quanto pagou ao ex-juiz.[96] Nessa mesma linha, uma decisão judicial determinou a suspensão dos pagamentos da Odebrecht à consultoria, em nome de quem atuava Sergio Moro. O super-herói perdeu seus poderes e a aura de invencível. E parece ter perdido a vergonha também. No final de 2021, deixou a consultoria para filiar-se ao Podemos e lançar-se como candidato, provavelmente, à presidência da República em 2022. No momento em que finalizamos este livro, o ex-juiz não passa, entretanto, de um dígito nas pesquisas. Especula-se que ele possa, alternativamente à candidatura presidencial, tentar a sorte para um mandato parlamentar, caso seu nome não decole em breve: uma vaga no Senado, seja pelo Paraná ou por São Paulo, parece estar entre as possibilidades. Dallagnol, por sua vez, exonerou-se, deixando o Ministério Público Federal (MPF) para trilhar o mesmo caminho do ex-juiz: trocou a "política" de toga pela "política partidária". O ex-procurador da República filiou-se ao mesmo Podemos de Moro e deve sair candidato a deputado federal pelo Paraná.

O impacto negativo das escolhas de Moro sobre a própria trajetória não tardou a transbordar para a Lava Jato e se intensificou, particularmente, depois das

---

[94] Disponível em: <https://bit.ly/3t4NlQ3>. Acesso em: 25 jan. 2022.

[95] Disponível em: <https://bit.ly/3hg70GY>. Acesso em: 25 jan. 2022.

[96] Disponível em: <https://bit.ly/3pd9Y3k>. Acesso em: 24 jan. 2022.

revelações dos diálogos entre o ex-juiz e procuradores integrantes da força-tarefa de Curitiba. Para tal, colaborou, ainda, a Operação Spoofing, ironicamente iniciada na gestão Moro no Ministério da Justiça, e que acabou tornando públicos diálogos que mostram que ele não se contentava somente em ser juiz, mas também coordenava a força-tarefa em Curitiba. O ápice se deu quando o STF, em 2021, decidiu que o ex-juiz foi parcial nos processos relativos a Lula, anulando suas decisões nos quatro processos do ex-presidente que passaram por Curitiba. Voltaremos a este ponto adiante, mas, por ora, vale a pena explorar ainda outro movimento fundamental do governo Bolsonaro em direção ao desmantelamento institucional que deu suporte à Lava Jato: a indicação de Augusto Aras à Procuradoria-Geral da República.

Capítulo 8

Aras na Procuradoria-Geral da República

Como vimos no primeiro capítulo, Lula e Dilma alteraram o modelo de indicação do procurador-geral da República (PGR). Ao longo dos governos do Partido dos Trabalhadores (PT), os presidentes passaram a aceitar o nome mais votado pelos próprios procuradores federais para ocupar o referido cargo. Não houve modificação da Constituição, embora a nova prática tenha sido adotada com consequências concretas sobre o desempenho do PGR. Conforme já argumentamos, a partir da adoção da "lista tríplice" o ocupante do cargo recalibrou suas estratégias de sobrevivência, passando a se preocupar mais com as demandas de seus colegas de Ministério Público que, por sua vez, passaram a reunir poderes para decidir sobre o seu destino, eventualmente reconduzindo-o ao cargo. Em contrapartida, esvaziado o poder do chefe do Executivo, o PGR passou a gozar de mais autonomia em relação aos interesses do Planalto, o que, ao longo das administrações do PT, permitiu que ele fosse mais agressivo na condução de processos criminais desfavoráveis aos integrantes do governo e seus aliados. A comparação com o padrão de atuação do PGR ao longo do governo Fernando Henrique Cardoso não nos deixa mentir. Geraldo Brindeiro, alcunhado de "engavetador-geral da República" pela atuação no mínimo deferente ao então presidente e a membros de seu partido (o Partido da Social Democracia Brasileira, o PSDB), fazia o contraponto perfeito especialmente às investidas de Roberto Gurgel e Rodrigo Janot.

O que se pretende sublinhar é que a adoção de uma ou outra regra de indicação (aqui, no caso, para a Procuradoria-Geral da República) estimula comportamentos diversos. No período Temer, por exemplo, em que vigorou uma prática de transição – mantida a lista tríplice, mas indicada a segunda mais votada entre seus pares –, Raquel Dodge atuou de modo errático. A então PGR, indicada por Temer, só se posicionou publicamente contra o recém-eleito Bolsonaro quando este descartou a possibilidade de reconduzi-la ao cargo. Até aquele momento, dado a incerteza do quadro, ela buscou se aproximar de Bolsonaro, que sinalizava a intenção de voltar a ocupar a posição de "grande eleitor" do PGR. A imprensa chegou a divulgar que Dodge teria segurado investigações contra Jair Bolsonaro por 120 dias, em meio a articulações de recondução diretamente com o Planalto, sem nem se preocupar em disputar a eleição da Associação Nacional de Procuradores da República (ANPR) para formar a lista tríplice. No dia 6 de agosto de 2019, quando perdeu todas as esperanças de recondução, Dodge remeteu os autos para a Procuradoria-Regional do Distrito Federal, para dar continuidade às investigações contra o presidente.[97]

Jair Bolsonaro ignorou a lista tríplice da ANPR, reposicionando-se na relação entre o Planalto e o Ministério

---

[97] Disponível em: <https://bit.ly/3JTbO1u>. Acesso em: 24 jan. 2022.

Público. O escolhido para ocupar a Procuradoria-Geral da República, Augusto Aras, tal qual Raquel Dodge, não participou da eleição para a formação da lista tríplice. As suas manifestações públicas naquele período foram sempre bastante afinadas com as opiniões do presidente. A estratégia de Aras parecia alinhada com o restabelecimento do modelo constitucional de indicação, que não prevê qualquer papel para os membros do Ministério Público. E deu certo.

Jair Bolsonaro, por sua vez, também colheu frutos da mudança de rota que promoveu na relação entre o governo e o Ministério Público. É possível identificar uma certa parcimônia, para dizer o mínimo, na atuação de Augusto Aras em face das acusações de crimes comuns contra Jair Bolsonaro já em seus primeiros anos de governo (KERCHE; MARONA, 2020). De um modo geral, confirmando a máxima "instituições importam" (mesmo as informais), o padrão de atuação dos respectivos PGRs nos governos de FHC e de Bolsonaro se assemelha. No outro extremo, estão posicionados aqueles que se sucederam nos governos do PT, particularmente em relação à postura mais ou menos ativista na condução das denúncias de corrupção.

Se um PGR independente interessou à parte significativa da classe política durante as administrações petistas para avançar a criminalização do partido de Lula e Dilma Rousseff, o que se observa a partir do início da administração de Bolsonaro é uma reconfiguração do cenário. Mesmo entre os partidos que não integravam a base do governo houve apoio à iniciativa de Bolsonaro de retomar o protagonismo no processo de indicação do chefe do Ministério Público. Esse é um bom indicador da falta de disposição dos políticos em geral para a manutenção da prática estabelecida pelas administrações petistas que assegurava autonomia e discricionariedade hipertrofiadas ao PGR.

No Senado, Augusto Aras teve 68 votos favoráveis e apenas 10 contrários. O senador Renan Calheiros (Movimento Democrático Brasileiro – MDB-AL), que não apoia formalmente o governo, chegou a declarar publicamente que Bolsonaro foi "corajoso ao desafiar o 'corporativismo' do MPF e impor limites à instituição".[98] A imprensa também reportou que o novo PGR recebia apoio tanto à esquerda quanto à direita pela sua postura crítica em relação à condução da Operação Lava Jato.[99]

Ao que tudo indica, mais do que pautar sua atuação pela defesa imediata de Bolsonaro diante das denúncias de corrupção e outros malfeitos no governo, Aras assumiu a missão de engajar-se no projeto de reversão do quadro institucional anticorrupção que redundara no modelo de força-tarefa. Em nenhum dos dois casos a tarefa de Aras era simples, mas o PGR se portou como um verdadeiro estrategista, equilibrando as exigências de lealdade a Bolsonaro e as pressões da opinião pública e de seus colegas de Ministério Público.

Nos primeiros dois anos do governo, de todas as manifestações originárias da Procuradoria-Geral da República que chegaram ao Supremo Tribunal Federal (STF), em apenas um caso Aras manifestou-se contra os interesses de Jair Bolsonaro, mantendo-se alinhado com o governo em outras trinta oportunidades.[100] Não se conclua disso, contudo, que estamos diante da renovada figura do "en-

---

[98] Disponível em: <https://bit.ly/3BM2TMg>. Acesso em: 19 abr. 2021.

[99] Disponível em: <https://bbc.in/3vfvmJs>. Acesso em: 24 jan. 2022.

[100] Disponível em: <https://bit.ly/3hfUUh3>. Acesso em: 18 mar. 2021.

gavetador-geral" da República que Brindeiro encarnou ao longo dos governos de Fernando Henrique Cardoso. Foram muitas e extensas as mudanças institucionais pelas quais a burocracia de controle passou – o Ministério Público aí incluído. Esse processo, que em alguma medida é incremental, pois conta essencialmente com o engajamento dos próprios atores na produção das mudanças, não apenas deixou marcas na cultura institucional compartilhada pelos membros do Ministério Público como também reposicionou o órgão perante a opinião pública e a classe política. Assim é que a pura deferência ao governo, com ares de submissão completa ou mesmo de omissão diante dos deveres de zelar pela democracia e pelo Estado de Direito, não era mais uma opção para o PGR. Quando Aras assumiu o cargo, a sociedade tinha aprendido que o PGR não precisa ser subordinado ao presidente.

Isso torna tudo um pouco mais complexo e desloca Augusto Aras para a posição de um "equilibrista-geral" da República. O presidente, de quem depende sua recondução ou até mesmo sua indicação para outros cargos importantes, como o de ministro do STF, é, sem dúvida, o ator mais relevante na consideração de Aras, mas sua atuação também leva em conta, ainda, a elite política e jurídica (nesse caso, especialmente os ministros do Supremo e seus colegas de Ministério Público[101]) e a opinião pública. Não por acaso, Aras lançou mão, nesses dois primeiros anos de governo

---

[101] A atuação do PGR indica que ele mantém alguma atenção, mas não uma real preocupação com os seus colegas de Ministério Público, que perderam centralidade no processo de indicação. Na verdade, há registros de que Aras enfrenta uma oposição interna em órgãos colegiados do MPF, mas o fato não afetou sua recondução em 2021. Ver: <https://bit.ly/3LVuTlt>. Acesso em: 18 mar. 2021.

Bolsonaro, de uma estratégia de sucesso ancorada na sua capacidade de "se equilibrar entre duas canoas", por assim dizer. O PGR protegeu Bolsonaro em questões-chave e delicadas, mas soube contornar as críticas e ataques de colegas de profissão (Kerche; Marona, 2020). A postura que assumiu em face da troca de acusações entre Sergio Moro e Bolsonaro por ocasião da demissão do primeiro é bastante ilustrativa dessa estratégia, conforme já tivemos a oportunidade de demonstrar.

Particularmente em relação ao modelo de forças-tarefa, Augusto Aras se mostrou mais claramente disposto a enfrentar seus colegas, principalmente aquele grupo que atuou, em Curitiba, na Lava Jato. Desde o início de seu mandato frente à Procuradoria-Geral da República, adotou uma postura bastante assertiva em face do que considerava um desvio de rumo da agenda anticorrupção, anunciando disposição para reforçar a unidade do Ministério Público e evitar práticas que qualificava como de segregação e aparelhamento por parte de alguns grupos. Em sua sabatina, anunciou que o combate à corrupção deveria ser realizado em atenção à Constituição,[102] o que revela a postura crítica em relação à Lava Jato reafirmada em uma reunião com advogados em julho de 2020.[103] Na oportunidade, Aras declarou que já era "hora de corrigir os rumos para que o lavajatismo não perdure". Condenou, ainda, a falta de transparência e a centralização das informações da operação em Curitiba, que, sozinha, reuniria um universo oito vezes maior de dados do que o arquivo geral do Ministério Público Federal

---

[102] Disponível em: <https://bit.ly/3LYjHo7>. Acesso em: 24 jan. 2022.

[103] Disponível em: <https://bit.ly/3veb42M>. Acesso em: 18 mar. 2021.

(MPF), sem que houvesse clareza, ademais, sobre o processo de produção dessas informações. Disse ainda que existiriam 50 mil documentos "invisíveis" à corregedoria do Ministério Público, órgão de controle interno dos membros do MPF, os quais teriam, ainda segundo Aras, adotado "uma metodologia de distribuição personalizada" em que promotores e procuradores escolhem os processos.

Havia, portanto, um diagnóstico, por parte do novo PGR, de que os procuradores – especialmente os de Curitiba, empenhados na força-tarefa da Lava Jato – gozavam de uma autonomia e uma discricionariedade demasiadas, o que redundaria em vieses e abusos. Vale lembrar que Augusto Aras assumiu a Procuradoria-Geral da República em um momento no qual a Lava Jato enfrentava uma crise pelas revelações do *The Intercept Brasil* – da qual trataremos adiante –, julgamentos decisivos no STF e a resistência interna ao próprio MPF.

Sua antecessora, Raquel Dodge, primeira mulher a assumir a Procuradoria-Geral, havia deixado o cargo sob críticas dos membros do MPF em razão de sua postura em face da Lava Jato. Indicada por Michel Temer e tendo figurado como segunda da lista da ANPR, Dodge se viu diante da façanha de buscar uma recondução junto a outro presidente (Bolsonaro, eleito em meio a seu mandato) e a despeito do apoio de seus colegas, considerando as sinalizações do ex-capitão de que não reconheceria a eleição da ANPR. De fato, sob o mandato de Dodge, a Lava Jato arrefeceu: dos 183 acordos de colaboração premiada homologados no Supremo desde 2014,[104] apenas dois foram em sua gestão.

---

[104] Disponível em: <https://bit.ly/3vgFBx6>. Acesso em: 22 jan. 2022.

A PGR enfrentou, ainda, um levante doméstico: no final de seu mandato, o grupo da Lava Jato na Procuradoria-Geral da República se desfez, a pedido e em razão de divergências com Dodge. Esse seria o ponto alto de um histórico de atritos entre ela e seus colegas de MPF que a acusavam de se distanciar da categoria e refrear os esforços de combate à corrupção. Se no atacado Dodge proporcionava a estrutura necessária para a continuidade da operação, não se furtava de atacar, pontualmente, medidas da Lava Jato. Isso restou explícito quando ajuizou, em março de 2019, uma Arguição de Descumprimento de Preceito Fundamental (ADPF) no STF pedindo a suspensão de um acordo da força-tarefa de Curitiba que previa a criação de uma fundação para gerir os recursos bilionários oriundos de tratativas realizadas entre a Petrobras e autoridades dos Estados Unidos,[105] como desdobramento internacional da Lava Jato.[106]

A história é a seguinte: desde o início da Lava Jato, em 2014, a Petrobras – assim como várias empresas brasileiras – passou a ser investigada também internacionalmente. O Departamento de Justiça dos Estados Unidos estava especialmente interessado em descobrir se as regras financeiras daquele país haviam sido violadas pela petroleira brasileira. Para evitar o desgaste internacional à sua imagem pública diante da iminência de um processo em seu desfavor na justiça estadunidense, a Petrobras, em setembro de 2018, acabou por celebrar um acordo em que se comprometia ao pagamento de

---

[105] Disponível em: <https://bit.ly/350s16j>. Acesso em: 24 jan. 2022.

[106] Sobre os desdobramentos internacionais da Lava Jato, ver: <https://bit.ly/3Hme4MW>. Acesso em: 26 mar. 2021.

US$ 853 milhões de dólares em penalidades em troca do encerramento das investigações.

O acordo firmado pela Petrobras com a justiça estadunidense previa, ainda, que um percentual desse valor (80%) deveria ser destinado ao Brasil, considerado o maior prejudicado pelo esquema de corrupção na empresa. Para isso, contudo, era necessário um instrumento jurídico que viabilizasse a transação. E foi assim que, em janeiro de 2019, o MPF assinou um acordo com a Petrobras lançando as bases de uma fundação (privada) cujo objetivo seria o de destinar aproximadamente R$ 1,3 bilhão para o combate à corrupção e em apoio a projetos sociais.[107] A fundação foi criada, em resumo, para que a Petrobras pudesse destinar ao Brasil valores correspondentes a penalidades de um acordo assinado com os Estados Unidos, com a garantia de que a administração do recurso milionário ficasse nas mãos de integrantes da Lava Jato em Curitiba e de sua rede de contatos.

Na prática, a coordenação da fundação privada criada para administrar o Fundo Lava Jato (constituído por recurso público, dado que a Petrobras é uma empresa de economia mista que tem a União como acionista majoritária, e com um orçamento que equivale a 50% do destinado anualmente ao Ministério Público da União) ficaria a cargo de um Comitê de Curadoria Social, resguardando-se ao MPF e ao Ministério Público Estadual do Paraná a prerrogativa de ocupar assento no órgão de deliberação superior.[108]

---

[107] Disponível em: <https://bit.ly/3IkUjH0>. Acesso em: 21 jan. 2022.

[108] Disponível em: <https://bit.ly/350smpB>. Acesso em: 24 jan. 2022.

A iniciativa acabou bloqueada pelo STF em face das divergências que suscitou no meio jurídico[109] sob o pano de fundo dos embates prestes a serem travados na Corte sobre a definição da competência da Justiça Eleitoral para o processamento e o julgamento de crimes comuns (como corrupção e lavagem de dinheiro) investigados em conexão com crimes eleitorais (caixa dois, por exemplo). A decisão teria efeitos, como de fato teve, sobre vários inquéritos abertos a partir de delações premiadas e que envolviam doações eleitorais no âmbito da Lava Jato. O clima era de tensão entre o Supremo e os procuradores de Curitiba, mas a então PGR, Raquel Dodge, já não estava tão alinhada aos interesses das bases do MPF.

O ministro Marco Aurélio Mello chegou a se manifestar publicamente contra a iniciativa da Fundação Lava Jato sob o argumento de que na origem havia uma intransponível confusão entre público e privado. Destacou que, em se tratando de recurso proveniente de uma sociedade de economia mista, como é o caso da Petrobras, a União é a titular para a constituição de um fundo privado. Ademais, demonstrou preocupação com o que adjetivava como "tempos estranhos" a revelar a "perda de parâmetros [e] a colocação em segundo plano de valores muito caros a administração pública".[110]

A desconsideração da incompetência legal do Ministério Público por parte daqueles que constituíram a própria fundação expressa a disposição crescente dos procuradores da Lava Jato para ampliar sua esfera de atuação, a despeito dos arranjos institucionais vigentes e,

---

[109] Disponível em: <https://bit.ly/3vfXJqS>. Acesso em: 24 jan. 2022.

[110] Disponível em: <https://bit.ly/3vfpako>. Acesso em: 24 jan. 2022.

inclusive, das disposições constitucionais. Não bastassem os significativos níveis de autonomia e discricionariedade com que atuavam os procuradores da Lava Jato, com a Fundação caía a última barreira: a orçamentária. Se constitucionalmente o Ministério Público, como também o Judiciário, deve atuar restritamente a partir do orçamento, agora se permitia que uma coalizão interna ao MPF reunisse poderes para definir a destinação de recursos, o que é uma atribuição constitucional reservada aos poderes da República.

Os procuradores da Lava Jato pareciam se isolar cada vez mais no interior do Ministério Público. O recuo que representou o pedido de suspensão dos procedimentos de criação da Fundação por parte dos próprios procuradores não impediu, conforme apontamos, a investida de Raquel Dodge no STF. Como indicam Falcão e Recondo (2019), em fim de mandato, a PGR talvez buscasse sinalizar ao recém-eleito presidente, Jair Bolsonaro, sua capacidade de conter os procuradores de Curitiba, na expectativa de uma recondução. O fato, contudo, é que a imagem pública da Lava Jato já vinha desgastada, e a tentativa de criação da Fundação evidenciava as intenções do grupo de Curitiba de atuar à margem da institucionalidade. A articulação para aprofundar a já ampla independência funcional, agregando-se a dimensão financeira, permitiria que os procuradores se esquivassem de um dos raros e remanescentes instrumentos de controle do Congresso em relação ao Ministério Público: a aprovação da proposta orçamentária do órgão pelos parlamentares. Ademais, estariam livres de sua própria chefia, que administra os recursos e pode distribuí-los de acordo com as priori-dades estabelecidas por si. Manejar recursos próprios, autonomamente, portanto, seria uma forma de aumentar ainda mais o poder dos procuradores de Curitiba, sem a contrapartida da prestação de contas aos demais atores, aí incluída a própria Procuradoria-Geral da República.

O ministro Alexandre de Moraes concedeu liminarmente o pedido de suspensão do acordo firmado entre a Petrobras e o MPF que dava origem à Fundação. Determinou, ainda, o bloqueio de todos os valores depositados e, posteriormente, que os recursos fossem destinados à área da educação e a ações na Amazônia. A verdade é que a decisão de Moraes não apenas estava alinhada às manifestações públicas de alguns de seus colegas – Marco Aurélio, Toffoli e Gilmar Mendes já havia se manifestado contrários à iniciativa –, mas reafirmava decisões anteriores da Corte em situações análogas. O então ministro do STF, Teori Zavascki, já havia negado, em 2016, a possibilidade de destinação ao Executivo de parte do valor devido pelo ex-diretor da Petrobras, Paulo Roberto Costa, em razão de um acordo de delação premiada. Em 2019, foi a vez do ministro Edson Fachin negar o pedido da Procuradoria-Geral da República para destinar ao Ministério da Educação e ao Fundo Penitenciário Nacional (FUNPEN) os US$ 21,8 milhões recuperados,[111] também em acordo de delação premiada, de João Santana, ex-marqueteiro do PT.

A derrota que Dallagnol, tempos depois, chegou a reconhecer, declarando que a iniciativa "pode não ter sido a melhor do ponto de vista de resultado",[112] representou, na realidade, um ponto de inflexão em um processo de

---

[111] Disponível em: <https://bit.ly/3vcVnZN>. Acesso em: 21 jan. 2022.

[112] Disponível em: <https://bit.ly/3Hh2pz1>. Acesso em: 13 fev. 2022.

isolamento do grupo de procuradores da Lava Jato no interior do próprio Ministério Público. Não é desprezível o fato de que a Corregedoria, a 5ª Câmara de Coordenação e Revisão e o Conselho Nacional do Ministério Público tenham aberto procedimentos para analisar se os procuradores da força-tarefa cometeram alguma irregularidade na criação da fundação, embora o resultado tenha sido o de previsível absolvição.[113] O episódio é bastante indicativo da nova correlação interna de forças – a opor a Procuradoria-Geral da República e a Lava Jato – que iria não apenas perdurar com a chegada de Aras, como se aprofundar.

De fato, Augusto Aras iniciou um meticuloso e sistemático movimento para frear os procuradores de Curitiba. Habilmente, conduziu a Lava Jato até seu ocaso sem provocar grandes ou ruidosos protestos por parte dos políticos ou mesmo da sociedade. A atuação do PGR parece agradar a Bolsonaro e, ao menos ao que se refere à operação, não desagrada totalmente a elite política nacional. Ao presidente interessou esse tipo de estrangulamento dos procuradores da Lava Jato porque ele, após sua eleição, dá indícios de que não se interessa mais com tanto entusiasmo pela agenda anticorrupção e, em particular, teme o resultado de investigações em curso pelos esforços da força-tarefa no Rio de Janeiro, que é a "cidade política" de Bolsonaro e de seus filhos. Aos políticos, independentemente dos partidos a que se filiem, parece interessar pelo fato de que compartilham a compreensão de que o sistema político se viu difusamente atacado em sua legitimidade.

---

[113] Disponível em: <https://glo.bo/3BLJtaq>. Acesso em: 24 jan. 2022.

À Lava Jato restava, contudo, o apoio público. As instituições políticas (e judiciais) não são insensíveis a esse apelo. Em abril de 2018, uma pesquisa do Instituto Datafolha apontava que apenas 12% dos brasileiros consideravam que a Lava Jato já havia cumprido o seu objetivo e deveria ser encerrada, mas a confiança na efetividade da operação já oscilava negativamente: 37% dos brasileiros – que eram 44% em setembro de 2017 – afirmavam que a corrupção iria diminuir no Brasil após a Lava Jato. A maioria da população (51%) acreditava que a corrupção iria continuar nos mesmos patamares. Em um cenário como esse não convinha adotar um movimento brusco, e Augusto Aras soube ler bem o quadro. Lançou mão de uma tática sutil, de crescente e gradual avanço, adicionando movimentos que, de certa forma, acompanharam os humores dos políticos, da imprensa e da opinião pública em relação à operação, equilibrando-se em uma rede de relações bastante delicadas.

A estratégia de Aras, portanto, é marcada por esforços de manutenção de um tênue equilíbrio entre os interesses do Planalto e as pressões da opinião pública, insufladas, muitas vezes, pelos procuradores da Lava Jato. O PGR de Bolsonaro buscou retomar o controle sobre a agenda anticorrupção no Ministério Público. Em particular, adotou medidas de centralização e controle de algumas ações relativas à Operação Lava Jato até que o contexto o favorecesse para avançar na desconstituição do modelo de forças-tarefa que a havia consagrado, encerrando-a. Uma de suas iniciativas foi provocar o Conselho Nacional do Ministério Público (CNMP), presidido por ele, para deliberar sobre a distribuição de processos da Lava Jato no Superior Tribunal de Justiça (STJ) sob a alegação de vícios procedimentais. Segundo Aras, o Conselho havia enfrentado uma situação similar envolvendo a Lava Jato em São Paulo, onde havia indicações de direcionamento de processos, mesmo sem qualquer conexão, para um grupo específico de procuradores chamados lavajatistas. O PGR reclamava que, para os processos que tramitavam no STJ, o CNMP proibisse a atuação dos procuradores da Lava Jato sem o crivo da procuradora natural do caso, Áurea Maria Etelvina Nogueira Lustosa Pierre.[114]

Aras aproveitava o desgaste de Deltan Dallagnol – cuja atuação na Lava Jato vinha sendo questionada desde a divulgação, em 2019, de diálogos obtidos pelo *The Intercept Brasil* – para avançar sua política de retomada do comando da agenda anticorrupção no MPF. Deltan, garoto propaganda da Lava Jato, enfrentou vários processos junto ao CNMP, que é um órgão de controle do Ministério Público e de seus integrantes e possui, entre as suas atribuições, a de fiscalização disciplinar. Envolveu-se, também, em um conflito direto com Aras sobre o sigilo de dados sob investigação da força-tarefa em Curitiba. Por fim, anunciou sua saída da força-tarefa no mesmo dia em que a subprocuradora-geral da República Maria Caetana Cintra Santos, integrante do Conselho Superior do Ministério Público Federal (CSMPF), decidiu liminarmente prorrogar a Lava Jato pela oitava vez desde sua origem, em 2014.[115] No dia seguinte, um grupo de procuradores da Lava Jato em São Paulo apresentou uma renúncia coletiva alegando haver um processo de "desmonte" dos trabalhos e "incompatibi-

---

[114] Disponível em: <https://bit.ly/3M1tNV6>. Acesso em: 24 jan. 2022.

[115] Disponível em: <https://bit.ly/3JPx5ZR>. Acesso em: 24 jan. 2022.

lidades insolúveis" com a procuradora natural do caso, Viviane de Oliveira Martinez.

Aras atacava; a Lava Jato resistia.[116] Mesmo diante da decisão provisória do CSMPF, o PGR ainda decidia sobre o escopo da prorrogação da força-tarefa em Curitiba, avaliando a possibilidade de designação apenas de procuradores da República, o que eliminaria a necessidade do aval do referido Conselho para a designação de integrantes do grupo. Outra proposta de Aras previa a criação de um órgão na estrutura da Procuradoria-Geral da República – uma Unidade Nacional de Combate à Corrupção e ao Crime Organizado (UNAC) – a que as forças-tarefa envolvendo casos de corrupção se vinculariam. Os procuradores desacreditavam da declarada justificativa de racionalização dos trabalhos, temendo a excessiva centralização de poder no órgão de cúpula.[117]

A estratégia de Aras parecia ser a de esvaziar o discurso público de que ele se opunha à Lava Jato. Alternativamente, buscava modificar o desenho institucional (regras organizacionais e de procedimento) para atingir um objetivo semelhante, orientado pela firme intenção de retomar o controle sobre a agenda anticorrupção no Ministério Público. De forma coerente com seu propósito e alinhado a sua estratégia, Aras prorrogou a Operação Lava Jato no Rio de Janeiro até o final de janeiro de 2021, e em Curitiba até outubro de 2021. O fez, contudo, em um novo formato. Saem de cena as forças-tarefa a que nos acostumamos pelo menos desde 2014, com a estreia

---

[116] Disponível em: <https://bit.ly/3LYZb6L>. Acesso em: 24 jan. 2022.

[117] Disponível em: <https://bit.ly/3HiWbyL>. Acesso em: 24 jan. 2022.

da Lava Jato, e entra o Grupo de Atuação Especial de Combate ao Crime Organizado (GAECO). As diferenças são, entretanto, sensíveis.

Uma força-tarefa é formada a partir de uma decisão dos órgãos diretivos do Ministério Público sob o pressuposto de que determinado caso exige um esforço concentrado de apuração. Não se trata, portanto, de um órgão permanente. A autorização de trabalho da equipe deve ser renovada sucessivamente pela Procuradoria-Geral da República com supervisão do CSMPF. A equipe é composta por procuradores – que podem ser requisitados temporariamente de outras lotações para atuar especificamente na força-tarefa – aos quais é garantida independência funcional, inobstante haja supervisão, acompanhamento e coordenação dos trabalhos.

Diferentemente das forças-tarefa, os GAECOs representariam a institucionalização da agenda anticorrupção no MPF. Presentes nos Ministérios Públicos estaduais já há mais de 25 anos, os GAECOs proporcionariam governança, *accountability* e *compliance*.[118,119] Durante a gestão de Aras à frente da Procuradoria-Geral da República, foram criados os primeiros GAECOs federais, no

---

[118] O termo *compliance* deriva da expressão, em inglês, *to comply with*, que significa "agir de acordo com" (uma ordem, um conjunto de regras ou um pedido, por exemplo). No âmbito institucional indica o conjunto de medidas e procedimentos com o objetivo de cumprir fazer cumprir as normas legais e regulamentares, as políticas e as diretrizes estabelecidas para as atividades da instituição, bem como de evitar, detectar e remediar a ocorrência de irregularidades, fraudes e corrupção.

[119] Disponível em: <https://bit.ly/3pcYHQN>. Acesso em: 24 jan. 2022.

Paraná,[120] na Paraíba, em Minas Gerais, no Pará e no Amazonas, o que acabou por representar a linha mestra de sua atuação.[121] De quebra, com a potencialização dos GAECOs, Aras despachava a Lava Jato.

Os GAECOs, diferentemente das forças-tarefa, embora estruturas permanentes, não asseguram que os procuradores atuem de forma exclusiva nos casos que concentra. Segundo a Associação Nacional dos Procuradores da República (ANPR), os GAECOs do MPF "não têm estrutura para investigações mais complexas e aprofundadas, como as da Lava Jato".[122] O procurador-geral, por seu turno, sem enfrentar abertamente a Lava Jato, manobrou com sucesso, aos poucos e de forma sutil o desmonte da operação. E a Lava Jato encontrou um fim melancólico. Foi um velório discreto para o enterro da operação que marcou a política brasileira nos últimos anos. Mas seu legado ainda renderia algumas disputas expressivas, as quais passam pelo reconhecimento dos abusos praticados pelo ex-juiz Sergio Moro e que vieram a público depois do vazamento de conversas hackeadas entre diversos membros da Lava Jato.

---

[120] Disponível em: <https://bit.ly/33MZxMw>. Acesso em: 24 jan. 2022.

[121] Disponível em: <https://glo.bo/3HbsnE4>. Acesso em: 24 jan. 2022.

[122] Disponível em: <https://bit.ly/354m73W>. Acesso em: 24 jan. 2022.

Capítulo 9

A Vaza Jato e a Operação Spoofing[123]

A série de reportagens que ficou conhecida como Vaza Jato divulgou a troca regular de mensagens pelo aplicativo Telegram entre diversos membros do Ministério Público Federal (MPF), seus assessores, o ex-juiz Sergio Moro e outros atores ligados à Lava Jato entre 2015 e 2018. Realizada pela *The Intercept Brasil*, com a parceria de diversos veículos de imprensa como o jornal *Folha de S.Paulo*, a revista *Veja*, o site *El País* e a TV Bandeirantes, a série destacou o trabalho do premiado jornalista estadunidense Glenn Greenwald, que ganhou enorme notoriedade por ter sido escolhido por Edward Snowden, anos antes, para divulgar informações secretas sobre o governo dos Estados Unidos.

Foi ele quem recebeu os arquivos de uma fonte[124] que hackeou, ao que tudo indica, o telefone e o aplicativo do

---

[123] Esta subseção lançará mão das informações contidas em: DUARTE; THE INTERCEPT BRASIL, 2020. Reservaremos as referências bibliográficas às citações literais.

[124] Hoje se sabe que a fonte era Walter Delgatti Neto, que chegou a ser preso durante a Operação Spoofing.

procurador Deltan Dallagnol, revelando que a Lava Jato operou a partir da sobreposição dos papéis da acusação e do julgador, o que afronta o modelo acusatório de justiça criminal previsto constitucionalmente. Já tivemos a oportunidade de demonstrar que o modelo acusatório de justiça criminal foi consagrado pela Constituição de 1988, não apenas pela afirmação dos princípios da ampla defesa e do devido processo legal, mas também, no nível institucional, pela atribuição de competências distintas aos órgãos que operam a justiça criminal: a polícia investiga, o Ministério Público acusa, o magistrado e os tribunais julgam.

Anote-se, ainda, a significativa autonomia e o amplo espaço de discricionariedade que foram agregados, ao longo das últimas décadas, aos referidos órgãos e seus integrantes ora por iniciativa dos atores políticos eleitos, ora por determinação dos próprios agentes judiciais. O resultado foi a Lava Jato operando à margem da legalidade, com a aquiescência das elites políticas e judiciais e o apoio da imprensa.

No dia 9 de junho de 2019, foram publicadas as três reportagens de estreia da Vaza Jato. A primeira matéria revelava que os procuradores trabalharam para inviabilizar que Lula concedesse entrevistas a partir da prisão, uma prática relativamente comum e que já envolveu até presos por assassinato e traficantes de drogas. Os motivos, segundo revelam as mensagens, não encontravam lastro no ordenamento jurídico; ao contrário, tratava-se de uma ação politicamente dirigida com o único objetivo de impedir que Lula pudesse influenciar, de algum modo, as eleições presidenciais de 2018. Temiam que o ex-presidente pudesse mobilizar seu capital político e oferecer apoio decisivo a Fernando Haddad, que havia substituído sua candidatura pelo Partido dos Trabalhadores (PT).

A segunda reportagem dava conta de que o coordenador da força-tarefa da Lava Jato, Deltan Dallagnol, às vésperas de oferecer denúncia contra o ex-presidente Lula no caso do triplex do Guarujá, tinha dúvidas "sobre a solidez da história que contaria ao juiz Sergio Moro" (DUARTE; THE INTERCEPT BRASIL, 2020, p. 131). Isso não o impediu, no entanto, de apresentar, em entrevista coletiva, o famigerado *power point*, fonte de dezenas de "memes" nas redes sociais, apontando o ex-presidente como o chefe de uma quadrilha responsável pelo esquema de corrupção na Petrobras e por assaltar o Brasil.

A narrativa da acusação, formalizada na denúncia e espetacularmente apresentada à opinião pública, era fundamental para afirmar a competência da 13ª Vara Federal de Curitiba. Isso porque o STF havia decidido que as investigações – e as ações delas decorrentes – com foco na Petrobras deveriam ficar na capital paranaense, berço da Lava Jato. Na prática, Dallagnol, pleno de convicções, forçava a mão para mitigar o princípio do juiz natural e garantir que Moro julgasse Lula. A Lava Jato ganhava ares particularistas.

A terceira matéria envolvia diretamente o ex-juiz Sergio Moro e trazia fortes indícios da prática de abusos e ilegalidades da Lava Jato. Os diálogos apontavam que Moro sugeriu que fosse alterada a ordem de fases da Lava Jato, cobrou agilidade em novas operações, aconselhou e forneceu pistas informais para a investigação, "antecipou ao menos uma decisão, criticou e sugeriu recursos ao Ministério Público e deu broncas em Dallagnol como se ele fosse um superior hierárquico dos procuradores e da

Polícia Federal" (DUARTE; THE INTERCEPT BRASIL, 2020, p. 143). Isso tudo enquanto ele negava publicamente a interferência nas investigações, dizendo que o juiz é "reativo" (DUARTE; THE INTERCEPT BRASIL, 2020, p. 145).

Eis o ponto alto da desconsideração absoluta do modelo acusatório de justiça criminal. Mas não é só. A série de reportagens indica, ainda, as estratégias de politização da justiça com recurso não apenas à manipulação das regras processuais, mas também à construção de apoio junto a elites políticas e jurídicas e à imprensa com vistas à ampliação dos espaços de atuação da Lava Jato. No dia 14 de junho de 2019, uma nova matéria publicada no *The Intercept Brasil* deu conta da sugestão do então juiz para que a força-tarefa soltasse uma nota à imprensa para "rebater o que chamou de 'showzinho' da defesa de Lula após o depoimento do ex-presidente no caso do triplex do Guarujá" (DUARTE; THE INTERCEPT BRASIL, 2020, p. 161). Quatro dias depois, veio a público a preocupação de Sergio Moro com a manutenção do apoio do ex-presidente Fernando Henrique Cardoso (Partido da Social Democracia Brasileira – PSDB), que deveria ser poupado de melindres que as investigações lhe pudessem causar. Em ambos os casos, o então juiz, articulado com os procuradores da Lava Jato, tratava de lapidar o apoio que recebia de setores da elite política nacional e do público em geral.

Assim também pode ser interpretada a ação que veio à tona, em julho de 2019, com a publicação de mais uma reportagem da Vaza Jato. Diálogos entre os procuradores apontavam uma articulação para o vazamento de "informações sigilosas da delação da Odebrecht para a oposição venezuelana após uma sugestão do então juiz

Sergio Moro" (DUARTE; THE INTERCEPT BRASIL, 2020, p. 187). O vazamento violaria o acordo com a empreiteira, cujos empresários haviam relatado esquemas de corrupção em onze países, mas era uma forma de expor o governo de Maduro e, de quebra, engrossar o coro de que o PT apoiava autoritarismos de esquerda na América Latina – o que interessava a uma certa elite política e econômica nacional.

A mobilização de mecanismos de pressão sobre ministros do STF foi exposta em uma reportagem publicada em 1º de agosto de 2019. As conversas davam conta de que Dallagnol "incentivou colegas em Brasília e Curitiba a investigar o ministro Dias Toffoli sigilosamente em 2016" e "buscou informações sobre as finanças pessoais de Toffoli e sua mulher e evidências que os ligassem a empreiteiras envolvidas com a corrupção na Petrobras" (DUARTE; THE INTERCEPT BRASIL, 2020, p. 214). A questão é que somente o procurador-geral da República (PGR) tem competência para investigar e, eventualmente, processar um ministro do STF. Dallagnol jamais poderia, segundo a Constituição, fazê-lo ou ordenar que o fizessem. O mesmo Deltan Dallagnol ficou pessoalmente desgastado por uma nova revelação da Lava Jato, naquele julho de 2019, depois que foram apresentadas ao público as atividades remuneradas desenvolvidas por ele em função da projeção que alcançou como chefe da força-tarefa em Curitiba. O procurador entrou no "mercado das palestras", inclusive sendo contratado por "uma empresa investigada por corrupção pela Lava Jato" (DUARTE; THE INTERCEPT BRASIL, 2020, p. 201).

Os abusos perpetrados pelas técnicas investigatórias que caracterizaram a força-tarefa em Curitiba foram revelados pela matéria publicada em 11 de setembro de 2019, na qual se testemunhava uma troca de mensagens entre procuradores da Lava Jato para estabelecer uma estratégia para pressionar um dos investigados ao arrepio da lei. Esperava-se que Raul Schmidt, que estava em Portugal, se entregasse à polícia como forma de se livrar do constrangimento que seria imposto a sua filha, que morava no Rio de Janeiro e que "não era suspeita de planejar ou executar crimes" de qualquer natureza (DUARTE; THE INTERCEPT BRASIL, 2020, p. 227). Se em um primeiro momento Moro capitulou, argumentando que não havia "provas muito claras de que Nathalie Angerami Priante Schmidt Felippe [tivesse] ciência de que os valores tinham origem ilícita e/ou eram fruto de corrupção" (DUARTE; THE INTERCEPT BRASIL, 2020, p. 227), diante do fracasso em localizar seu pai, Raul Schmidt, ele acabou aceitando que a Lava Jato partisse para cima dela.

Em 2020, a Vaza Jato divulgou a sua última reportagem da primeira série.[125] A matéria de 12 de março trazia detalhes das parcerias da força-tarefa com o Departamento de Justiça dos Estados Unidos. Essa colaboração, que passou inclusive pela presença de promotores e policiais estadunidenses em Curitiba, foi realizada sem observar os tratados internacionais e a legislação do Brasil, que exigia que tudo isso fosse feito com a anuência do governo federal. A parceria entre a Polícia Federal e o Federal Bureau of Investigation (FBI) remonta os anos de 1970, quando foi firmado um acordo bilateral entre o Brasil e os Estados Unidos para a transferência de recursos financeiros

---

[125] Disponível em: <https://bit.ly/3549TYY>. Acesso em: 1 abr. 2021.

e equipamentos às polícias brasileiras, mas a agenda sobre a qual as relações se estabelecem se transformou ao longo do tempo (VILELLA, 2015).

Se durante muito tempo o combate às drogas pautou a aproximação e justificou a transferência de recursos, tecnologia e treinamento dos policiais brasileiros, o financiamento e a propositura de operações conjuntas e o *lobby* no processo legislativo e na formulação de políticas públicas, outros temas foram progressivamente assumindo o centro das preocupações do FBI no Brasil. Passando pelo terrorismo, chegou-se à lavagem de dinheiro e ao combate à corrupção. Ao final da década de 1990, a criminalização da lavagem de dinheiro foi resultado da pressão do governo estadunidense sobre o brasileiro, cujos promotores e policiais já recebiam treinamento a esse respeito.

Conforme apontam Villela e Pereira (2019), uma parceria articulada entre a Polícia Federal e o FBI no âmbito da Lava Jato, tal qual a Vaza Jato deixou claro, evidenciou elementos de tensionamento da soberania nacional que foram favorecidos sob a liderança de Sergio Moro – e, neste caso, não apenas enquanto juiz, mas mesmo depois de assumir o Ministério da Justiça no governo Bolsonaro. Revela-se um padrão de atuação das agências policiais estadunidenses em países estrangeiros que se constitui pelo deliberado esforço em criar confiança com autoridades locais, construindo um canal direto entre as polícias, visando influenciar o trabalho policial, as investigações e a formulação de leis e políticas públicas.

Concretamente, eventos conjuntos (conferências, treinamentos etc.) favorecem a transferência de conhecimento, tecnologia e recursos, mas também a construção de *redes* de relacionamentos pessoais (e de confiança) entre os agentes da justiça de ambos os países – canais de comunicação que operam em paralelo às relações governamentais. Em decorrência disso, as relações são marcadas pela informalidade, de modo que muitas vezes o compartilhamento de evidências e outras requisições não tramitam pelo Ministério da Justiça. Quer dizer: a relação que se estabeleceu entre as agências policiais no âmbito da Lava Jato ultrapassou os termos previstos pelos acordos internacionais e pela legislação nacional.

E é bom que se enfatize que os recursos políticos, econômicos e tecnológicos, bem como o prestígio que podem ser mobilizados pela agência estadunidense a colocam em posição de liderança na relação que estabelece com a Polícia Federal, de modo que o que se viu na Lava Jato foi uma espécie de ingerência externa que tensionou a soberania do Estado sob os aplausos de agentes estatais, os integrantes da força-tarefa de Curitiba (ESTRADA; BOURCIER, 2021). O episódio revela que alguns aspectos da definição de agenda (objetivos e estratégias), do processo legislativo e do desempenho dos agentes estatais no campo da segurança e da justiça são conformados transnacionalmente sem a contrapartida de um debate público, amplo e transparente. A dinâmica tem viabilizado a criminalização de novas práticas e a homogeneização de leis e procedimentos à margem do debate democrático e com um alto potencial de instrumentalização por parte dos governos estrangeiros com vistas à concretização de objetivos de política doméstica e internacional (VILLELA, 2020).

Em face do conjunto de revelações da Vaza Jato, os procuradores e o ex-juiz Sergio Moro, que àquela altura já estava no governo, contestaram primeiro a legalidade da fonte, para arguir então a impossibilidade de se auferir a veracidade das informações. Sob pressão, passaram, então, a justificar amiúde o conteúdo das conversas vazadas, desqualificando seu potencial ofensivo, ao mesmo tempo que seguiam afirmando a ilegalidade da conduta para a obtenção do material. A estratégia pode ser resumida na difícil construção: "é-falso-mas-se-for-verdade-não-é-nada-demais".

A verdade é que, sim, era demais. As conversas entre Moro e Dallagnol, apenas, não se justificam nem sob a lógica de meios e fins que constituiu o lavajatismo a remediar toda sorte de abusos ancorada na nobreza da finalidade, na necessidade dos meios e na excepcionalidade dos desvios. Como bem observa Neiva (2019, [s.n.]), o que a Vaza Jato tornava público desafiava "a visão de processo penal defendida no âmbito da própria Lava Jato, que dependia de que os desvios de padrões estritos de legalidade fossem raros e fortemente justificados sob o ponto de vista de uma racionalidade substantiva". Isso porque Sergio Moro flertava aberta e sistematicamente com a suspeição – maculando o princípio da imparcialidade do juízo pela heterodoxa relação de condomínio que estabeleceu com a acusação.

As revelações do *The Intercept Brasil* e seus parceiros foram importantes pontos de apoio para os inúmeros questionamentos que a defesa técnica do ex-presidente Lula vinha apresentando sobre a força-tarefa de Curitiba. Serviram, sobretudo, para arranhar a imagem pública da operação e de suas lideranças – particularmente a de Sergio Moro, que já havia assumido o Ministério da Justiça do governo Bolsonaro, amplificando as críticas de politização da Lava Jato.

Foi, contudo, quase um ano após a última reportagem da Vaza Jato que novos diálogos, desta vez obtidos no âmbito de uma operação da Polícia Federal, a Operação Spoofing, foram tornados públicos. A Spoofing foi deflagrada em julho de 2019, ironicamente enquanto Sergio Moro estava à frente do Ministério da Justiça, justamente para investigar o hackeamento do telefone de diversas autoridades, inclusive de Moro e Dallagnol, mas também de ministros do STF, parlamentares e do presidente da República. Na ocasião, quatro pessoas foram presas acusadas de interceptação de mensagens de diversas autoridades (crimes cibernéticos), e o material colhido ilegalmente foi apreendido.

O arquivo confiscado pela Polícia Federal é mais de cem vezes maior do que aquele recebido pelo *The Intercept*, e seu destino, a depender do então ministro Sergio Moro, parecia ser o sigilo e o esquecimento.[126] A defesa do ex-presidente Lula, contudo, solicitou acesso às mensagens, o que foi concedido pelo ministro Ricardo Lewandowski, em caráter liminar, no final de 2020. Em uma nova decisão, em fevereiro de 2021 Lewandowski retirou o sigilo sobre os diálogos – o que foi confirmado pela 2º Turma do STF pouco dias depois. O ex-juiz e ex-ministro Sergio Moro solicitou que o material fosse mantido em sigilo, mas a ministra Rosa Weber não deferiu o pleito.

A linha de defesa dos procuradores e do ex-juiz assenta menos na negativa sobre a veracidade do conteúdo, que foi atestada por um perito contratado pela defesa de

---

[126] Disponível em: <https://bit.ly/3LYEmbG>. Acesso em: 24 jan. 2022.

Lula. A discussão se coloca, massivamente, no campo estritamente jurídico, em torno da admissibilidade do material como prova, já que este foi obtido por meio ilegal. Ao que tudo indica, a tese de que a prova ilícita pode ser utilizada para beneficiar o réu, ainda que não sirva para condená-lo, deverá prevalecer.

As trocas de mensagens reforçam a formação de um consórcio entre a acusação e o julgador que a Vaza Jato já havia revelado: Dallagnol e Moro "jogam juntos" e, em alguns casos, o ex-juiz assume o papel de quase chefe da força-tarefa de Curitiba. Os diálogos revelam, ainda, a realização de reuniões sigilosas de Dallagnol e seus colegas com suíços, desnudam conversas sobre Léo Pinheiro e os limites que deveriam ser impostos a seus relatos em sede de delação e apontam o conhecimento dos procuradores sobre uma delegada da Polícia Federal que registrou um depoimento falso. As revelações da Operação Spoofing constrangeram até os mais céticos em relação aos abusos da Lava Jato. De fato, o contexto político e social em que vieram à tona os novos diálogos entre integrantes da força-tarefa fez com que a "água mole" de novas informações sobre os abusos de Sergio Moro, Deltan Dallagnol e outros agentes da justiça tenha furado "a pedra dura" do apoio público incondicional à Lava Jato.

Segmentos da elite política nacional já haviam desembarcado do lavajatismo: a eleição de Bolsonaro alterou radicalmente a correlação de forças em Brasília, e os antigos parceiros da Lava Jato não tinham sido, no final das contas, beneficiados. Diversas decisões do Congresso foram minando instrumentos institucionais que outrora asseguraram os níveis excessivos de autonomia e discricionariedade aos procuradores e juízes da operação, sinalizando uma resposta do sistema político ao esforço de criminalização da política. Exemplarmente, a aprovação de uma lei de abuso de autoridade que poderia atingir integrantes do sistema de justiça, a transformação do pacote anticrime em algo bastante diverso do que queria o então ministro da Justiça Sergio Moro, ambas as iniciativas de 2019, e a mudança, em 2021, da Lei de Improbidade Administrativa, tantas vezes mobilizada pelo MPF.[127] Também a imprensa vinha sofrendo com os arroubos autoritários de Bolsonaro – beneficiário direto dos efeitos deletérios da Lava Jato sobre as eleições de 2018. Não foram poucos os jornalistas que passaram a ensaiar uma *mea culpa* em relação à defesa da operação que haviam realizado ao longo dos anos passados. Restava à elite judicial reagir energicamente ao novo cenário. O STF, no entanto, não impôs muitas derrotas à Lava Jato nos anos de sua duração e, particularmente nos primeiros anos da investigação, validou decisões do ex-juiz Sergio Moro com inegáveis impactos políticos. Já tivemos a oportunidade de observar que a Corte restringiu o foro privilegiado aos investigados por crimes cometidos durante o mandato e relacionados à função, remetendo inúmeros processos para a primeira instância da Justiça Federal em relação aos quais só interferia diante da necessidade de avaliar a compatibilidade das medidas judiciais com a Constituição.

Foi nessa condição que, no início de 2016, avalizou a Lava Jato, em um de seus momentos mais ativos e impactantes do cenário político nacional. Sergio Moro havia

---

[127] Disponível em: <https://bit.ly/3Il9NdR>. Acesso em: 24 jan. 2022.

retirado o sigilo de interceptações telefônicas, revelando parte da conversa entre a então presidenta Dilma Rousseff, sob ameaça de *impeachment*, e o ex-presidente Lula, alvo das investigações da força-tarefa. O diálogo envolvia sua indicação para o cargo de ministro chefe da Casa Civil do governo Dilma e não poderia jamais ter sido revelado publicamente – em primeiro lugar, por ter sido captado fora do prazo estabelecido judicialmente; em segundo, por envolver a presidenta da República, de modo que Moro não possuía competência sequer para autorizar o grampo. Apenas o STF poderia tê-lo feito. Ademais, Lula sequer havia sido, àquela altura, indiciado. Contudo, apesar da flagrante ilegalidade, o ministro Gilmar Mendes impediu que Lula assumisse o cargo sob o argumento de desvio de finalidade: a nomeação garantiria ao ex-presidente foro privilegiado, e as investigações seriam obrigatoriamente remetidas da 13ª Vara de Curitiba para o STF. Os diálogos, amplamente divulgados pela imprensa, impactaram a opinião pública, e inúmeros protestos acabaram tomando as ruas e ampliando a pressão sobre o governo de Dilma Rousseff.

Ainda em 2016, o STF alterou o entendimento para autorizar a prisão em segunda instância, o que não apenas aumentou a pressão sobre os investigados pela Lava Jato – que passaram a buscar a delação premiada como estratégia de evitar ou mitigar a punição – como também, em abril de 2018, permitiu a prisão do ex-presidente Lula. A tensão entre a Lava Jato e o Supremo começou a aparecer apenas em 2017, quando aspectos importantes do método investigativo da Lava Jato – o uso da condução coercitiva e o excesso de prisões preventivas – passaram a ser publicamente criticados por alguns ministros. Em

2018, o STF proibiria a condução coercitiva para inter-rogatório, e em 2019 o Congresso alteraria as regras para decretação de prisões preventivas. A partir daí a cisão entre a operação e parte do tribunal estava estabelecida, e duas derrotas importantes da Lava Jato na Corte marcariam sua atuação em 2019: o envio de parte dos processos para a Justiça Eleitoral e o veto à criação da Fundação Lava Jato. Ainda em 2019, o ex-juiz Sergio Moro teria uma sentença de sua lavra anulada pelo STF, que também retomaria o entendimento sobre a inconstitucionalidade da prisão em segunda instância.

Sob o governo Bolsonaro, a Lava Jato registra, por-tanto, uma série de derrotas no STF. Não é apenas a nova dinâmica política, imposta pelo governo, no entanto, que reorienta o Supremo. O desgaste da operação perante a opinião pública em face das revelações da Vaza Jato e da Operação Spoofing é um elemento fundamental na compreensão dos desdobramentos que em 2021 ferem a Lava Jato de morte e voltam a balançar o cenário po-lítico nacional. A anulação das condenações de Lula e a declaração de suspeição de Sergio Moro moveram o centro de gravidade do debate público em torno da Lava Jato: não mais se especulava sobre o que a operação ainda poderia produzir, mas sim acerca da validade daquilo que produziu até aquele momento.

Capítulo 10

O fim

A decadência da Lava Jato aconteceu a partir da ida de Sergio Moro para o governo Bolsonaro, a Vaza Jato e os diálogos revelados pela Operação Spoofing e a escolha de Augusto Aras para a Procuradoria-Geral da República. Cada um desses acontecimentos foi minando a unanimidade que imperava em relação à operação nos anos interiores. A Lava Jato, pela primeira vez, era questionada publicamente, com a condescendência dos políticos dos mais diversos campos. Como parte da previsível reação das elites políticas, foi aprovada uma mudança na Lei de Improbidade Administrativa que afeta ações ainda em curso no Poder Judiciário, onde, além de Lula, outros acusados e condenados pela Lava Jato tiveram seus processos revistos e suas sentenças anuladas. Figuras como Palocci, Vaccari Neto, Eduardo Cunha e Sérgio Cabral foram beneficiados pelo "cavalo de pau" que a Lava Jato sofreu nas Cortes superiores – o Supremo Tribunal Federal (STF) e o Superior Tribunal de Justiça (STJ).[128]

---

[128] Disponível em: <https://bit.ly/3vfuwfv>. Acesso em: 24 jan. 2022.

Os diálogos revelados a partir da autorização do ministro Lewandowski, contudo, merecem um lugar de destaque nesse processo. Se os outros elementos foram importantes para a decadência, a Spoofing foi a chave para a desmoralização da operação. Não seria impreciso dizer que o *hacker* mudou a história do país. Em outras palavras, o encerramento da Operação Lava Jato seria inevitável, mas o restabelecimento dos plenos direitos políticos de Lula dificilmente viria em decorrência disso. O que seria um fim discreto, transformou-se em uma morte melancólica: sem disputa para segurar o caixão, a Lava Jato foi enterrada numa vala comum, embora sua herança vá ainda se fazer sentir por muito tempo na política e na economia nacionais. Essa morte tem data precisa. No dia 8 de março de 2021, o país foi surpreendido com a decisão favorável de Edson Fachin, um dos ministros lavajatistas, sobre um *habeas corpus* impetrado pela defesa de Lula meses antes, em novembro de 2020.

A questão *sob judice* envolvia o reconhecimento de que as acusações contra o ex-presidente em Curitiba não tinham relação direta com o esquema de corrupção na Petrobras e, portanto, não caberia a 13ª Vara ser o palco do julgamento de Lula. Como já tivemos a oportunidade de apontar, Moro e a força-tarefa faziam verdadeiros malabarismos para justificar que casos como o do triplex fossem julgados no Paraná, a centenas de quilômetros do litoral paulista. Fachin, na ocasião, declarou a nulidade dos atos decisórios praticados nas ações penais sob o comando de Moro, mas manteve a validade das quebras de sigilo, das interceptações e do material resultante de buscas e apreensões.

Na prática, o ministro deixava espaço para que o juízo em Brasília – para onde foram remetidos os autos – aproveitasse de elementos gerados a partir de Curitiba e pudesse, inclusive, voltar a condenar Lula. Na mesma decisão, o ministro declarou a "perda do objeto" e extinguiu 14 outros recursos (ou ações) que tramitavam no Supremo e que questionavam a imparcialidade de Sergio Moro na condução dos processos contra o ex-presidente Lula. Exatamente por essa razão, a decisão de Fachin, que beneficiou Lula, foi interpretada por muitos como uma tentativa de preservar o legado da Lava Jato; uma estratégia de redução de danos, no estilo, "vão-se os anéis, ficam os dedos". O relator da Lava Jato no Supremo teria esperança de que, ao conceder o *habeas corpus* a Lula, se deixasse de lado a questão da parcialidade do ex-juiz da 13ª Vara de Curitiba – cujo reconhecimento ensejaria consequências muito mais extensas sobre o legado da operação.

Gilmar Mendes, entretanto, contra-atacou: depois de uma vista[129] de mais de dois anos, pautou para o dia seguinte, na 2ª Turma do STF, a qual ele presidia, a questão da parcialidade de Moro, e a Turma decidiu pelo prosseguimento do julgamento da suspeição do ex-juiz,

---

[129] Em qualquer processo em andamento, quando um dos julgadores não se sentir apto a votar, ele poderá pedir vista do processo para melhor analisar o caso. Em situações como essa, o julgamento é interrompido até que se conclua o prazo legal e/ou regimental para a análise. O processo então é devolvido com a solicitação de reinserção em pauta, o que indica a disposição para que seja retomado o julgamento. O Regimento Interno do STF estabelece que o ministro que pedir vista deverá devolver o caso para julgamento em até 30 dias, prorrogáveis por igual período uma vez. Esse prazo, contudo, costuma ser ignorado pelos ministros.

debelando a pretensão original de Fachin de obstaculizar a deliberação. No mérito, os ministros Gilmar Mendes e Ricardo Lewandowski votaram pela parcialidade de Moro e empataram o julgamento – Carmen Lúcia e Edson Fachin haviam votado em sentido contrário antes da interrupção resultante do anterior pedido de vista de Gilmar. Coube ao ministro Kássio Nunes Marques interromper novamente o julgamento com um novo pedido de vista que abria brecha para negociações internas e especulações externas à Corte. A situação tornava-se ainda mais quente pela manifestação da ministra Carmen Lúcia, antes mesmo do encerramento da sessão, que sinalizava a possibilidade de mudança de seu posicionamento.

Ao mesmo tempo, a Procuradoria-Geral da República recorria da decisão de Fachin que afetava ao Plenário (e não à Turma) a resolução final da questão. A defesa de Lula também recorreu, mas apenas em relação à determinação de perda de objeto de outras reclamações e *habeas corpus* que tramitavam no Supremo, entre os quais o que pedia a determinação da suspeição do ex-juiz Sergio Moro. Antes que o presidente Fux designasse uma data para o julgamento dos recursos, no entanto, Kássio Nunes Marques devolveu os autos à 2ª Turma, que proferiu uma decisão reconhecendo que Moro, de fato, havia atuado sem a necessária parcialidade nos casos que envolviam o ex-presidente Lula. Embora Nunes Marques tenha votado em favor de Moro, a ministra Carmen Lúcia alterou seu entendimento, e o placar, na Turma, fechou em um apertado 3x2 pela declaração de suspeição do ex-juiz.

Nesse ponto, duas questões estavam postas para os onze do Supremo: a primeira dizia respeito à manutenção ou não da anulação das condenações do ex-presidente

Lula pelo reconhecimento da incompetência da 13ª Vara de Curitiba, com a consequente remessa dos processos para à Justiça Federal em Brasília; a segunda envolvia a definição sobre a validade ou não da decisão da 2ª Turma que declarava Moro suspeito, em face também da decisão do ministro Fachin, que determinara, antes, a perda de objeto do referido processo. Apesar de se tratar de questões processuais complexas, mas não incomuns, o plenário precisou de duas sessões para que o público tivesse alguma ideia dos rumos da Lava Jato e da vida política do ex-presidente Lula. A tensão marcou boa parte dos debates entre os ministros que, em inúmeros momentos, trocaram mútuas acusações de manobrar o processo em busca de um resultado que melhor lhes aprouvesse. O lavajatismo estava no banco dos réus.

O caminho tortuoso do processo que levou ao decreto do fim do *modus operandi* da Lava Jato – e feriu de morte o lavajatismo, como consequência direta das anulações das condenações de Lula e da declaração de parcialidade de Moro – foi pavimentado pela mobilização agressiva dos poderes individuais dos ministros do Supremo. Se for certo supor que Fachin mobilizou seus poderes como relator para levar o caso a plenário e evitar a derrota na Turma, não pode ser menos verdade que Gilmar Mendes pediu vista, em 2018, para esquivar-se de um revés na mesma 2ª Turma – àquela altura, com outra composição. O mesmo Gilmar que, supostamente, antevendo as intenções de Fachin, mobilizou seus poderes de presidente da Turma para, a um só tempo, devolver a vista e pautar o processo, dessa vez seguro da vitória que causaria um enorme embaraço ao colega – e, de quebra, ao tribunal.

É impossível, portanto, analisar o desfecho desses processos sem considerar o peso da conjuntura política no comportamento dos ministros do Supremo. Limitar a análise à politização da Corte em face da questão concreta que envolve o destino político do ex-presidente Lula, contudo, é uma postura redutora da realidade. Em primeiro lugar, porque nenhuma das supostas manobras dos ministros do Supremo (decisões monocráticas, pedidos de vista, disputas de competências, encerramento prematuro da sessão de julgamento, antecipação de voto, mudança de entendimento etc.) é novidade, como já tivemos a oportunidade de discutir neste livro. Já foram mobilizadas em inúmeros processos que antecederam os de Lula, assim como em casos que envolveram o ex-presidente no passado – e, nesses casos, ministros cujo comportamento estratégico parece beneficiar o ex-presidente já lançaram mão de expedientes bastante similares para emitir decisões que prejudicaram a ele e a seu partido. Exemplarmente, Gilmar Mendes, um dos atores fundamentais na declaração de suspeição de Moro que acarretou a anulação das condenações de Lula na Lava Jato, já foi alvo de muitos protestos dos petistas em oportunidades anteriores. Foi Gilmar Mendes quem, por exemplo, em 2016, atendendo aos pedidos do Partido da Social Democracia Brasileira (PSDB) e do Partido Popular Socialista (PPS), suspendeu a nomeação de Lula como ministro da Casa Civil, na derrocada do governo Dilma, sob a alegação de ter visto intenção do ex-presidente em fraudar as investigações sobre ele na Operação Lava Jato. A um só tempo, o ministro Gilmar, com a decisão, colocou uma pá de cal sobre o governo da petista – que enfrentava uma enorme crise política cuja nomeação tentava debelar – e reforçou a competência de Sergio Moro para julgar o ex-presidente. E, naquela ocasião, o ministro Gilmar sustentou sua decisão no conteúdo de uma conversa telefônica obtida e divulgada ilegalmente por Moro.

É preciso considerar, ainda, que havia, de fato, questões técnicas – de direito processual – que mereciam atenção do Supremo: o *habeas corpus* que veiculava a pretensão de declaração de suspeição de Moro deveria perder mesmo o objeto pelo reconhecimento da incompetência da 13ª Vara Federal de Curitiba, tal qual decidiu o ministro Fachin? E o ministro tinha competência, ele mesmo, para tomar essa decisão de forma monocrática, considerando que o *habeas corpus* que dizia respeito à suspeição tinha vista pendente? A Turma a que Fachin pertence poderia ter dado prosseguimento ao julgamento do referido *habeas corpus*, ignorando a decisão individual do ministro? Chegando ao plenário pela via recursal, ainda se preserva o objeto do agravo da defesa, considerando que a Turma acabou por se manifestar favoravelmente à sua pretensão? Ou, ainda, o recurso não estaria prejudicado porque o plenário não pode rever a decisão da Turma? Todas essas questões – de cuja resposta dependia não apenas o destino de Lula, mas também o padrão de condução de processos futuros pelo STF – estavam na mesa.

A decisão final do Supremo acolheu, a um só tempo, as decisões de Fachin e Gilmar. O plenário reconheceu que os processos de Lula não deveriam ter sido julgados em Curitiba, e também que Moro havia sido parcial na condução do caso do triplex. Os votos, contudo, revelaram o racha dos ministros em relação à Lava Jato. Por um lado, Fux, Fachin, Marco Aurélio e Barroso buscaram, com seus votos, preservar o ex-juiz Sergio Moro, exaltando-o como um "herói nacional"[130] e reduzindo eventuais erros da Lava Jato a "pecadilhos", frutos de "fragilidades humanas".[131] Os outros sete ministros, no entanto, decidiram pela parcialidade de Sergio Moro, que foi, pouco tempo depois, estendida monocraticamente, por Gilmar Mendes, para os outros três processos que corriam em Curitiba: o relativo ao sítio em Atibaia (já com decisão de condenação pela juíza que substituiu Moro, Gabriela Hardt) e outros dois sobre o Instituto Lula. Após as decisões do Supremo – e como consequência delas –, os processos contra o ex-presidente Lula decorrentes da Lava Jato foram sendo encerrados. Em muitos casos, o próprio Ministério Público Federal (MPF) desistiu de dar andamento aos feitos. No dia 5 de dezembro de 2021, por solicitação dos procuradores federais que antes lideravam as investidas judiciais da Lava Jato, encerrou-se o mais emblemático de todos os processos contra Lula: o do famigerado triplex do Guarujá. Não apresentaram recurso da decisão que anulava a condenação de Lula e remetia os autos para Justiça Federal em Brasília, sob alegação de que não haveria tempo hábil para, finalmente, no juízo competente proceder à investigação e à acusação, em face dos prazos de prescrição.[132]

Retomando para concluir...

O fato é que a conjuntura política afeta o desempenho do Supremo – e, por extensão, o comportamento de seus ministros –, mas de variados modos e intensidades.

---

[130] Disponível em: <https://bit.ly/3pgOqTB>. Acesso em: 25 jan. 2022.

[131] Disponível em: <https://bit.ly/3hgniQa>. Acesso em: 25 jan. 2022.

[132] Disponível em: <https://bit.ly/351e3kC>. Acesso em: 25 jan. 2022.

Alguns ministros estão certamente mais engajados em determinadas questões políticas do que outros – e isso refletirá no modo como operam os poderes individuais de que dispõem para fazer a balança pesar a favor de seu entendimento. Entretanto, a relação não é imediata nem simplória. Observe-se, por exemplo, que os votos que, em plenário, mantiveram a decisão de suspeição de Moro foram proferidos por ministros indicados por uma miríade de presidentes: de Gilmar Mendes, indicado por Fernando Henrique Cardoso (PSDB), passando por Alexandre de Moraes, indicado por Michel Temer (PMDB), até Kássio Nunes, recentemente indicado por Jair Bolsonaro (PL).

Por outro lado, indiretamente, a conjuntura política também acaba por afetar a resposta dos ministros, que, muitas vezes, se sentem obrigados a reagir às estratégias dos colegas. O emaranhado processual que envolveu a atuação do Supremo em face do derradeiro ato da Lava Jato perante a Corte é, sem dúvida, consequência da trajetória de ações estratégicas individuais de vários ministros. Este talvez seja o ponto que mereça ser explorado: muitos casos proeminentes registram jogadas estratégicas dos ministros,[133] mas, em regra, elas não são abertamente contra-atacadas pelos pares, evitando-se a exposição do tribunal perante a opinião pública.

---

[133] Na obra *Os Onze: o STF, seus bastidores e suas crises*, Recondo e Weber (2019) trazem relatos bastante ilustrativos que envolvem a mobilização estratégica da agenda com recurso ao exercício de poderes individuais nos casos do aborto em caso de feto anencefálico, financiamento de campanha e prisão em segunda instância.

"Você perdeu!" – assim o ministro Gilmar Mendes, dirigindo-se a Luís Roberto Barroso segundos antes de terem ambos o áudio cortado pelo presidente do STF, Luiz Fux, que encerrava a sessão para evitar ainda mais constrangimentos, sintetizou bem o ineditismo que envolveu a dinâmica do julgamento. O que se viu foi o inconformismo da minoria (Fachin, Barroso, Mello e Fux), que manobrou e perdeu em seu propósito de salvar a Lava Jato, oferecendo Lula como oferenda. O voto de Barroso foi, nesse sentido, exemplar: prenhe de recados à sociedade, na melhor retórica lavajatista, mas também permeado pelo estabelecimento de posições técnico-processuais que retomavam aspectos já superados na 2ª Turma de julgamento do STF, a qual ele não integra.

A autonomia e a discricionariedade que permitiram que a Lava Jato condenasse dezenas de políticos com a cumplicidade da opinião pública também possibilitou que seu ocaso resultasse de um processo marcado pela individualidade dos ministros do Supremo. Ainda que altamente contingente, o fato é que a decisão da Corte minimizou injustiças e trouxe esperança aos democratas brasileiros. Entre mortos e feridos, a democracia dá sinais de que pode se recuperar no Brasil.

Referências

ACKERMAN, Bruce. The Living Constitution. *Harvard Law Review*, Cambridge, v. 120, p. 1737-1752, maio 2007.

ALENCAR, Kennedy. Lava Jato é exemplo de "*soft power*" a favor dos EUA contra o Brasil. *UOL*, 24 out. 2017. Disponível em: <https://bit.ly/3DcMNdR>. Acesso em: 1 dez. 2021.

ALMEIDA, Frederico de. Justiça, combate à corrupção e política: uma análise a partir da Operação Lava Jato. *Revista Pensata*, Guarulhos, v. 5, n. 2, p. 69-82, nov. 2016.

ALMEIDA, Manuel A. de. *Memórias de um sargento de milícias*. São Paulo: Ática, 1994.

ALONSO, Angela. Protestos em São Paulo de Dilma a Temer. *Novos Estudos*, São Paulo, n. especial, p. 49-58, jun. 2017.

AMARAL, Augusto J. do; MARTINS, Fernanda. O que do cinismo jurídico "vem ao caso"?. In: PRONER, Carol *et al.* (Orgs.). *Comentários a uma sentença anunciada: o processo Lula*. Bauru: Canal 6, 2017. p. 60-64.

ARANTES, Rogério B. *Ministério Público e política no Brasil*. São Paulo: Idesp; Editora Sumaré; Fapesp; Educ, 2002.

ARANTES, Rogério B. Polícia Federal e Construção Institucional. In: AVRITZER, Leonardo; FILGUEIRAS, Fernando

(Orgs.). *Corrupção e sistema político no Brasil*. Rio de Janeiro: Civilização Brasileira, 2011. p. 99-132.

ARANTES, Rogério B. Rendición de cuentas y pluralismo estatal en Brasil: Ministerio Público y Policía Federal. *Desacatos 49*, Cidade do México, n. 49, p. 28-47, set.-dez. 2015.

ARANTES, Rogério B. Mensalão: um crime sem autor?. In: MARONA, Marjorie; DEL RIO, Andrés (Orgs.). *Justiça no Brasil: às margens da democracia*. Belo Horizonte: Arraes Editores, 2018. p. 338-389.

ARANTES, Rogério B. Prefácio. In: RODRIGUES, Fabiana A. *Lava Jato: aprendizado institucional e ação estratégica na justiça*. São Paulo: Martins Fontes, 2020. p. XV-XXIII.

ARANTES, Rogério B.; MOREIRA, Thiago M. Q. Democracia, instituições de controle e justiça sob a ótica do pluralismo estatal. *Opinião Pública*, Campinas, v. 25, n. 1, p. 97-135, jan.-abr. 2019.

ARGUELHES, Diego W.; HARTMANN, Ivar A. Timing Control Without Docket Control: How Individual Justices Shape the Brazilian Supreme Court's Agenda. *Journal of Law and Courts*, Chicago, v. 5, n. 1, 2017, p. 105-140.

ARGUELHES, Diego W.; RIBEIRO, Leandro M. Ministrocracia: o Supremo Tribunal individual e o processo democrático brasileiro. *Novos Estudos*, São Paulo, v. 37, p. 13-32, jan.-abr. 2018.

AUGUSTO JR., Fausto; GABRIELLI, José Sergio; ALONSO JR., Antonio (Orgs.). *Operação Lava Jato: crime, devastação econômica e perseguição política*. São Paulo: Expressão Popular, 2021.

AVRITZER, Leonardo. *Política e antipolítica: a crise do governo Bolsonaro*. São Paulo: Todavia, 2020.

AVRITZER, Leonardo; MARONA, Marjorie. A tensão entre soberania e instituições de controle na democracia brasileira. *Dados*, Rio de Janeiro, v. 60, n. 2, p. 359-393, 2017.

AZEVEDO, Rodrigo G. de; PILAU, Lucas e S. B. Os impactos da Operação Lava Jato na Polícia Federal brasileira. In: KERCHE, Fábio; FERES JÚNIOR, João (Orgs.). *Operação Lava Jato e a democracia brasileira*. São Paulo: Contracorrente, 2018. p. 101-136.

BADARÓ, Gustavo. A garantia do juiz natural, a 13ª Vara Federal de Curitiba e o juiz Sergio Moro. *Justificando*, jul. 2016. Disponível em: <https://bit.ly/3qI4jUF>. Acesso em: 16 nov. 2021.

BALÁN, Manuel. Competition by Denunciation: The Political Dynamics of Corruption Scandals in Argentina and Chile. *Comparative Politics*, Nova York, v. 43, n. 4, p. 459-478, jul. 2011.

BARNES, Julian. *O ruído do tempo*. Rio de Janeiro: Rocco, 2017.

BAPTISTA, Érica Anita; TELLES, Helcimara de Souza. Lava Jato: escândalo político e opinião pública. In: KERCHE, Fábio; FERES JR., João (Orgs.). *Operação Lava Jato e a democracia brasileira*. São Paulo: Contracorrente, 2018. p. 229-255.

BIROLI, Flávia; MANTOVANI, Denise. A parte que me cabe nesse julgamento: a *Folha de S.Paulo* na cobertura ao processo do mensalão. *Opinião Pública*, Campinas, v. 20, n. 2, p. 204-218, ago. 2014.

BIROLI, Flávia; MIGUEL, Luis Felipe. Orgulho e Preconceito: a "objetividade" como mediadora entre jornalismo e seu público. *Opinião Pública*, Campinas, v. 18, n. 1, p. 22-43, jun. 2012.

CAMPOS, Pedro H. P. A agenda internacional anticorrupção, a Operação Lava Jato e os impactos sobre as empreiteiras brasileiras. *Jornal dos Economistas*, Rio de Janeiro, n. 360, ago. 2019. Disponível em: <https://bit.ly/3HEBXRt>. Acesso em: 16 nov. 2021.

CLARK, T. S. *The limits of judicial independence*. Nova York: Cambridge University Press, 2011.

COSLOVSKY, Salo. A regulação relacional no Ministério Público brasileiro: as bases organizacionais da capacidade de resposta regulatória. In: FONTAINHA, Fernando de C.; GERALDO, Pedro H. B. (Orgs.). *Sociologia Empírica do Direito*. Curitiba: Juruá, 2015. p. 327-354.

DA ROS, Luciano. O custo da Justiça no Brasil: uma análise comparativa exploratória. *Observatório de Elites Políticas e Sociais do Brasil*, newsletter, v. 2, n. 9, jul. 2015.

DAMGAARD, Mads. Cascading Corruption News: Explaining the Bias of Media Attention to Brazil's Political Scandals. *Opinião Pública*, Campinas, v. 24, n. 1, p. 114-143, jan.-abr. 2018.

DE PAULA, Luiz F.; MOURA, Rafael. A Lava Jato e a crise econômica brasileira. *Jornal dos Economistas*, Rio de Janeiro, ago. 2019. Disponível em: <https://bit.ly/3HwkHNS>. Acesso em: 16 nov. 2021.

DIXON, Rosalind; GINSBURG, Tom. Constitutions as Political Insurance: Variants and Limits. In: DELANEY, Erin F.; DIXON, Rosalind (Eds.). *Comparative Judicial Review*. Cheltenham: Edward Elgar Pub, 2018.

DUARTE, Letícia; THE INTERCEPT BRASIL. *Vaza Jato: os bastidores das reportagens que sacudiram o Brasil*. Rio de Janeiro: Mórula Editorial, 2020.

EPSTEIN, Lee; KNIGHT, Jack. *The Choices Justices Make*. Thousand Oaks: CQ Press, 1997.

ESTRADA, Gaspard; BOURCIER, Nicolas. Le naufrage de l'opération anticorruption "Lava Jato" au Brésil. *Le Monde*, abr. 2021. Disponível em: <https://bit.ly/3Hwogne. Acesso em: 16 nov. 2021.

FAGUNDES, Andréa L.; MADEIRA, Lígia M. A Polícia Federal e o governo Bolsonaro: duas décadas de desenvolvimento e dois anos de ataques e resistência?. In: AVRITZER, Leonardo; KERCHE, Fábio; MARONA, Marjorie (Orgs.). *Governo Bolsonaro: retrocesso democrático e degradação política*. Belo Horizonte: Autêntica, 2021.

FALCÃO, Joaquim *et al. V Relatório Supremo em números: o foro privilegiado e o Supremo*. Rio de Janeiro: FGV, 2017.

FALCÃO, Joaquim *et al. A realidade do Supremo Criminal*. Rio de Janeiro: FGV, 2019.

FALCÃO, Márcio; RECONDO, Felipe. Raquel Dodge: líder ou chefe do Ministério Público?. *Jota*, mar. 2019. Disponível em: <https://bit.ly/30wrZAs>. Acesso em: 16 nov. 2021.

FERES JR., João; BARBARELA, Eduardo; BACHINI, Natasha. A Lava Jato e a mídia. In: KERCHE, Fábio; FERES JÚNIOR, João (Orgs.). *Operação Lava Jato e a democracia brasileira*. São Paulo: Contracorrente, 2018. p. 199-228.

GARAPON, Antoine. *O Juiz e a Democracia*. Rio de Janeiro, Revan, 1999.

GIGLIOLI, Pier P. Political Corruption and the Media: The Tangentopoli Affair. *International Social Science Journal*, Cambridge, v. 48, n. 3, p. 381-394, set. 1996.

GINSBURG, Thomas. *Judicial Review in New Democracies: Constitutional Courts in Asian Cases*. Cambridge: Cambridge University Press, 2003.

GUARNIERI, Carlo. Judicial Independence and Policy-Making in Italy. In: TATE, C. N.; VALLINDER, Torbjörn (Eds.). *The Global Expansion of Judicial Power*. Nova York: NYU Press, 1995. p. 243-259.

HAMMOND, Thomas H.; BONNEAU, Chris W.; SHEEHAN, Reginald S. *Strategic Behavior and Policy Choice on the U.S. Supreme Court*. Redwood City: Stanford University Press, 2005.

HARTMANN, Ivar A.; FERREIRA, Lívia. Ao relator, tudo: o impacto do aumento do poder do ministro relator no

Supremo. *Opinião Jurídica*, Fortaleza, v. 13, n. 17, p. 268-283, jan.-dez. 2015.

HELMKE, Gretchen. *Institutions on the Edge: The Origins and Consequences of Inter-Branch Crises in Latin America*. Cambridge: Cambridge University Press, 2017.

JARDIM, Afrânio S. Breve análise da sentença que condenou o ex-presidente Lula e outros. In: PRONER, Carol *et al. Comentários a uma sentença anunciada: o processo Lula*. Bauru: Canal 6, 2017. p. 17-20.

KERCHE, Fábio. *Virtude e limites: autonomia e atribuições do Ministério Público no Brasil*. São Paulo: Edusp, 2009.

KERCHE, Fábio. O Ministério Público no Brasil: relevância, características e uma agenda para o futuro. *Revista USP*, São Paulo, n. 101, p. 113-120, mar. 2014.

KERCHE, Fábio. Independência, poder judiciário e Ministério Público. *Caderno CRH*, Salvador, v. 31, n. 84, p. 567-580, set.-dez. 2018a.

KERCHE, Fábio. Ministério Público, Lava Jato e Mãos Limpas: uma abordagem institucional. *Revista Lua Nova*, n. 105, p. 255-286, 2018b.

KERCHE, Fábio. When the Party Accused of a Crime is the President: The Federal Public Prosecutor's Office and the U.S. *ad hoc* Prosecutor. *Novos Estudos*, São Paulo, v. 39, n. 3, p. 641-659, set.-dez. 2020.

KERCHE, Fábio; MARONA, Marjorie. O Ministério Público na Operação Lava Jato: como eles chegaram até aqui?. In: KERCHE, Fábio; FERES JÚNIOR, João. *Operação Lava Jato e a democracia brasileira*. São Paulo: Contracorrente, 2018. p. 69-100.

KERCHE, Fábio; MARONA, Marjorie. Fiquem de olho no procurador-geral da República. *Folha de S.Paulo*, São Paulo, mai. 2020. Disponível em: https://bit.ly/3FHveEg. Acesso em: 23 nov. 2021.

KERCHE, Fábio; OLIVEIRA, Vanessa E.; COUTO, Cláudio G. Os Conselhos Nacionais de Justiça e do Ministério Público no Brasil: instrumentos de *accountability?*. *Revista de Administração Pública*, Rio de Janeiro, v. 54, n. 5, p. 1334-1359, set.-out. 2020.

KERCHE, Fábio; TANSCHEIT, Talita. Operação Lava Jato: o impacto da politização de escândalos de corrupção no sistema partidário. In: AUGUSTO JR., Fausto; GABRIELLI, José Sérgio; ALONSO JR., Antônio (Orgs.). *Operação Lava Jato: crime, devastação econômica e perseguição política.* São Paulo: Expressão Popular, 2021. p. 147-170.

KERCHE, Fábio; VIEGAS, Rafael R. O Ministério Público brasileiro: de defensor de direitos a combatente da corrupção. In: XII ENCONTRO DA ABCP. *Anais...* São Paulo: ABCP, out. 2020.

LEHOUCQ, Emilio; TAYLOR, Whitney K. Conceptualizing legal mobilization: How should we understand the deployment of legal strategies?. *Law & Social Inquiry*, v. 45, n. 1, p. 166-193, 2020.

LEITÃO, Miriam. As contradições e lacunas de Moro. *O Globo*, Rio de Janeiro, 12 dez. 2021. Disponível em: https://blogs.oglobo.globo.com/miriam-leitao/post/contradicoes-e-lacunas-de-moro.html. Acesso em 12 dez. 2021.

LEMGRUBER, Julita; RIBEIRO, Ludmila; MUSUMECI, Leonarda; DUARTE, Thaís. *Ministério Público: guardião da democracia brasileira?.* Rio de Janeiro: CESEC, 2016.

LIMA, Renato S. A gestão de Sergio Moro na segurança pública. *Folha de S.Paulo*, São Paulo, abr. 2020. Disponível em: https://bit.ly/3CGYnxv. Acesso em: 23 nov. 2021.

LIMONGI, Fernando. Apresentação. In: RODRIGUES, Fabiana A. *Lava Jato: aprendizado institucional e ação estratégica na justiça.* São Paulo: Martins Fontes, 2020. p. IX-XIV.

LOTTA, Gabriela; SANTIAGO, Ariadne. Autonomia e discricionariedade: matizando conceitos-chave para o estudo da burocracia. *Revista Brasileira de Informação Bibliográfica em Ciências Sociais – BIB*, São Paulo, n. 83, p. 21-41, 2017.

MADEIRA, Lígia M.; GELISKI, Leonardo. An Analytical Model of the Institutional Design of Specialized Anti-Corruption Courts in the Global South: Brazil and Indonesia in Comparative Perspective. *Dados*, Rio de Janeiro, v. 64, 2021.

MALTZMAN, Forrest; SPRIGGS II, James E.; WAHL-BECK, Paul J. *Crafting Law on the Supreme Court: The Collegial Game*. Cambridge: Cambridge University Press, 2000.

MARONA, Marjorie; BARBOSA, Leon Q. Protagonismo judicial no Brasil: do que estamos falando?. In: MARONA, Marjorie; DEL RIO, Andrés (Orgs.). *Justiça no Brasil: às margens da democracia*. Belo Horizonte: Arraes, 2018. p. 128-150.

MARONA, Marjorie; KERCHE, Fábio. From the Banestado Case to Operation Car Wash: Building an Anti-Corruption Institutional Framework in Brazil. *Dados*, Rio de Janeiro, v. 64, 2021.

MCCANN, Michael W. *Rights at work: Pay equity reform and the politics of legal mobilization*. Chicago: University of Chicago Press, 1994.

MCCOMBS, Maxwell. *A teoria da agenda: a mídia e a opinião pública*. Petrópolis: Vozes, 2009.

MORAIS, Fernando. *Lula: biografia: vol. 1*. São Paulo: Companhia das Letras, 2021.

MORO, Sérgio Fernando. Considerações sobre a operação mani pulite. *R. CEJ*, n. 26, p. 56-62, 2004.

NEIVA, Horácio. A contradição entre meios e fins na lógica da Lava Jato. *Nexo*, jun. 2019. Disponível em: <https://bit.ly/32rNnb0>. Acesso em: 23 nov. 2021.

NELKEN, David. The Judges and Political Corruption in Italy. *Journal of Law and Society*, Oxford, v. 23, n. 1, p. 95-112, 1996.

NERY JR., Nelson. *Princípios do processo na Constituição Federal*. São Paulo: Revista dos Tribunais, 2017.

NEWELL, James L.; GARRARD, John. *Scandals in Past and Contemporary Politics*. Manchester: Manchester University Press, 2006.

NYE, Joseph. *Soft Power: The Means to Success in World Politics*. Nova York: Public Affairs, 2004.

PÉREZ-LIÑÁN, Aníbal. *Presidential Impeachment and the New Political Instability in Latin America*. Cambridge: Cambridge University Press, 2007.

PINHO, José Antônio Gomes de; SACRAMENTO, Ana Rita Silva. Accountability: já podemos traduzi-la para o português? *Rev. Adm. Pública*, v. 43, n. 6, 2009.

POCHMANN, Márcio. Lava e vaza jato na decadência nacional. *Jornal dos Economistas*, Rio de Janeiro, ago. 2019. Disponível em: https://bit.ly/3FEEjhd. Acesso em: 23 nov. 2021.

PRADO, Mariana M.; MACHADO, Marta R. Uso do Direito Penal para Combater a Corrupção: riscos e limitações da Operação Lava Jato. *Revista de Direito GV*, v. 17, n. 2, 2021.

PRZEWORSKI, Adam; STOKES, Susan C.; MANIN, Bernard. *Democracy, Accountability and Representation*. Cambridge: Cambridge University Press, 1999.

RECONDO, Felipe; WEBER, Luiz. *Os Onze: o STF, seus bastidores e suas crises*. São Paulo: Companhia das Letras, 2019.

RODRIGUES, Fabiana A. *Lava Jato: aprendizado institucional e ação estratégica na justiça*. São Paulo: Martins Fontes, 2020.

ROSE-ACKERMAN, Susan; PALIFKA, Bonnie J. *Corruption and Government: Causes, Consequences and Reform*. Cambridge: Cambridge University Press, 2016.

SANTOS, Fabiano; TANSCHEIT, Talita. Quando velhos atores saem de cena: a ascensão da nova direita política no Brasil. *Colombia Internacional*, Bogotá, n. 99, p. 151-186, 2019.

SBERNA, Salvatore; VANNUCCI, Alberto. "It's The Politics, Stupid!": The Politicization of Anti-Corruption in Italy. *Crime Law Soc. Change*, v. 60, p. 565-593, out. 2013.

SCHOENBROD, David S. *Power Without Responsibility: How Congress Abuses the People Through Delegation*. New Haven: Yale University Press, 1993.

SCHULTZ, Julianne. *Reviving the Fourth Estate: Democracy, Accountability and the Media*. Cambridge: Cambridge University Press, 1998.

SEGAL, Jeffrey A.; COVER, Albert D. Ideological Values and the Votes of U.S. Supreme Court Justices. *The American Political Science Review*, Cambridge, v. 83, n. 2, p. 557-565, jun. 1989.

SEGAL, Jeffrey A.; SPAETH, Harold J. *The Supreme Court and the Attitudinal Model Revisited*. Cambridge: Cambridge University Press, 2002.

SERRA, Cristina. A praga do jornalismo lavajatista. *Folha de S.Paulo*, São Paulo, fev. 2021. Disponível em: <https://bit.ly/3CLdaHu>. Acesso em: 23 nov. 2021.

SERRANO, Pedro E. A.; BONFIM, Anderson M. Lava Jato e princípio da imparcialidade. In: STRECK, Lenio L.; CARVALHO, Marco A. de (Orgs.). *O livro das suspeições*. São Paulo: Prerrô, 2020. p. 65-74.

SILVA, Fábio de Sá e. From Car Wash to Bolsonaro: Law and Lawyers in Brazil's Illiberal Turn (2014-2018). *Journal of Law and Society*, v. 47, n. 1, p. 90-110, out. 2020.

SOLANO, Esther. "It's All Corrupt": The Roots of Bolsonarism in Brazil. In: VORMANN, Boris; WEINMAN, Michael D. *The Emergence of Illiberalism: Understanding a Global Phenomenon*. Londres: Routledge, 2020. p. 210-223.

SOROKA, Stuart N. Issue Attributes and Agenda-Setting by Media, the Public, and Policymakers in Canada. *International Journal of Public Opinion Research*, Oxford, v. 14, n. 3, p. 264-285, set. 2002.

STRECK, Lenio L. O que fazer quando todos sabemos que sabemos que Moro e o MPF foram parciais?. In: STRECK, Lenio L.; CARVALHO, Marco A. de (Orgs.). *O livro das suspeições*. São Paulo: Prerrô, 2020. p. 15-25.

THOMPSON, John B. *Political Scandal: Power and Visibility in the Media Age*. Cambridge: Polity Press, 2000.

VEIGA, Luciana F.; DUTT-ROSS, Steven; MARTINS, Flávia B. Os efeitos da economia e da Operação Lava Jato na popularidade da presidente Dilma Rousseff no período pré-impedimento. *Revista de Sociologia e Política*, v. 27, n. 72, 2019.

VIEGAS, Rafael R.; LOUREIRO, Maria R.; TOLEDO, Amanda P. A Lava Jato como ponto de inflexão sobre o Estado de Direito e a democracia no Brasil. In: VIII CONGRESO INTERNACIONAL DE CIENCIA POLÍTICA. *Anais...* Guadalajara: Asociación Mexicana de Ciencias Políticas, 2020.

VIEIRA, Oscar Vilhena. Supremocracia. *Rev. Direito GV*, v. 4, n. 2, 2008.

VILLELA, Priscila. *As dimensões internacionais das políticas brasileiras de combate ao tráfico de drogas na década de 1990*. 2015. Dissertação (Mestrado em Relações Internacionais) – Programa de Pós-Graduação em Relações Internacionais San Tiago Dantas, Faculdade de Relações Internacionais, Pontifícia Universidade Católica de São Paulo, São Paulo, 2015.

VILLELA, Priscila; PEREIRA, Paulo. Moro, DEA e o modelo falido de guerra às drogas. *Correio Braziliense*, Brasília, jul. 2019. Disponível em: <https://bit.ly/3DO9wOz>. Acesso em: 23 nov. 2021.

VILLELA, Priscila. *A "guerra às drogas" e a transnacionalização do policiamento estadunidense no Brasil: as relações entre a Polícia Federal e a DEA nos anos 1990 e 2000*. 2020. Tese (Doutorado em Relações Internacionais) – Programa de Pós-Graduação em Relações Internacionais San Tiago Dantas, Faculdade de Relações Internacionais, Universidade Estadual Paulista, Universidade Estadual de Campinas e Pontifícia Universidade Católica de São Paulo, São Paulo, 2020.

WARDE, Walfrido. *Espetáculo da corrupção: como um sistema corrupto e o modo de combatê-lo estão destruindo o país*. São Paulo: Leya, 2018. p. 10.

Este livro foi composto com tipografia Adobe Garamond Pro
e impresso em papel Off-White 80 g/m² na Formato Artes Gráficas.